未来を切り拓く
　市民性教育

若槻 健 著

関西大学出版部

【本書は関西大学研究成果出版補助金規程による刊行】

目　次

はじめに ……………………………………………………………………　1

第1章　市民性教育とは何か ………………………………………………　9

第2章　市民性教育が求められる背景と諸言説 …………………………　29

第3章　市民性教育の諸実践 ………………………………………………　47

第4章　市民性教育とサービス・ラーニング ……………………………　63

第5章　人権教育に基盤を置いた市民性教育―萱野小学校の実践 ………　83

第6章　市民性教育の類型化と人権教育 …………………………………　101

第7章　市民性教育の学習論① ……………………………………………　111

第8章　市民性教育の学習論②―対話的な学習論へ ……………………　133

資料　　IEA「市民性教育国際調査（ICCS 2009）」認知テスト　抄訳 …　147

　　　　IEA「市民性教育国際調査（ICCS 2009）」
　　　　生徒意識調査と認知テスト　解説 ………………………………　155

参考文献一覧 ………………………………………………………………　159

はじめに

　本書は、近年注目が高まり、実践も蓄積されつつある市民性教育について、理論的に整理し、実践を意味づけすることで、「社会をつくり未来を切り拓く市民を育む教育」への視座を提示するものである。そしてその準拠点となるのは、人権教育に基盤を置いた市民性教育である。言い換えると、身近な人間関係を出発点にして、社会を担い・創っていく過程に参画する市民の育成である。

　市民性教育は、「市民性」の内実をどうとらえるのかによって多様な理解や解釈があるため、一義的に意味を確定することが難しい。どんな社会と個人を「理想モデル」とするかによって、市民性の内実も、市民性教育の取り扱う内容も方法も様々になるであろう。現在取り組まれている諸実践も、あるものは道徳教育に非常に近く、あるものは他者とのやりとり等の人間関係を重視し、またあるものは社会に参加していく能力や人権の問題に重点を置いている。

　それでも、市民性教育が、個人の自己実現を超えた、個人と社会との関係を問うものであると位置づけることはできるであろう。社会とのかかわり方を学ぶのが市民性教育である、ただしその関わり方は多様に構想しうるというのが議論の出発点になる。そうであるがゆえに、市民性教育は、個人的な学力形成等の単なる知識や技能の獲得ではなく、社会への愛着と責任を重視する「道徳的」な教育として理解されることも少なくない。ここから近代国民国家の「国民」育成までは非常に近い。しかしその一方で、市民性教育は、国民教育と対抗するものとして位置づけられ、「一市民」として既存の社会に異議申し立てをしていく人間の育成とも理解されている。それは私たち一人ひとりが国家から抑圧されたり、善い生き方を強制されたりすることなく生きる権利を行使できる力を育むことを意味している。つまり、市民性

教育には、個人の自己実現と社会の形成者育成という二つの目的が並存している。そして、社会に参加してこそ個人の自己実現が図られるというように、両者を結び付けて考える道が、市民性教育には開かれている。

　個人の自己実現を社会の形成者育成と結びつけるということは、ナチスや戦前の日本のように「主体的」に国家に同化させる教育とはもちろん異なる。そうではなく、近代国民国家が前提としてきた同質的な共同体の構想を放棄し、個々人の多様な生を抑圧することなく、多元的に社会的紐帯を結ぶことを意味する。国民国家への同化によって一人ひとりが善き生を営むことができるほど私たちは同質的ではないし、単一のアイデンティティに依っているわけでもない。社会の形成者の育成を、国民としての静的で同質的なアイデンティティ・社会の形成から解き放ち、動的で多元的なアイデンティティ・社会の形成へと結びつける可能性を市民性教育は有しているのである。近代国民国家のメンバーとしてではなく、多様で複数性を備えた「市民」として地域社会、国、世界との関係を模索する市民性教育が求められている。

　本書を通して市民性教育は、多様な生き方が保障される多元的な社会を構築していくメンバーの育成として概念化されるだろう。筆者が念頭に置いているのは、市民性教育を人権教育の進化型と捉え、「社会的な障壁を永続させるのではなく、それらを矯正し変革する過程に参加する人間を育てること」として理解する池田（2005）の論考である。池田は、教育コミュニティを構想するなかで、人々が利己的な個人主義に陥ることなく、みなに共通の善きものを追求するために協働することを論じた。公共の問題へ関心を持ち、社会変革へコミットしていく者たちの育成である。

　しかし、池田は、今日の社会の利己的な個人主義的風潮を批判するあまり、集団主義的な保守派や革新派と同じ位相に立つものと誤解される危険を冒している（安彦，2006）。それは、デュルケム（訳書，1964）が近代社会における道徳教育を国民教育に求めた危うさにも似ている。デュルケムは、宗教に代わる社会の連帯をいかに構築することができるかを問うなかで、集団（デュルケムにとっては共和主義国家）への忠誠を強いる主張をしており、しばしば個人の自由と反する論者と見なされている。しかしデュルケム

の前提は自律した個人にあり、その自律した個人がいかにつながって社会を形成していけるのかを模索したのであり、所与の社会への無条件の忠誠を誓う全体主義的な発想からは程遠いところにある（麻生・原田・宮島1978）。同様に、池田も、何よりもいかにして人々の「多様性」と「共通性」を両立させるコミュニティの成員を育成するかという問題意識を大切にしていた。本書では多元的な市民性に基づく市民性教育を構想することにより、上の池田の命題を追究する。

　そのためには、教育／学習のモデルを個人の過程としてではなく集団的な過程＝協働プロジェクトとして捉えることが必要である。教育／学習を個人の過程と理解する限り、一方で他人や社会と交わらない多様な「個人」の育成を想定し、他方同質的な「社会化」の対象（subject）として学習者を位置づけることになる。両者はまったく別の立場に見えて、実は既存の社会体制を追認する点で共犯関係にある。なぜなら、前者はそれぞれ個人として大切なもの＝「善」を追求し、社会のあり方に無関心であるのに対し、後者はあらかじめ定められた公的な「善」を一人ひとりが個別に引き受けるからである。多様な社会文化的背景を持つ人々が交じり合い、協働で多元的な社会を形成する、つまり個人の自己実現と社会の形成者育成を同時にめざすためには、市民性教育を協働プロジェクトとして編成する必要がある。

学校を人権文化を育む場所に

　本書は、学校教育における市民性教育に焦点を当てている。市民性は、学校教育だけで育まれるものではない。むしろ、社会や国家に対してどのような態度をとるのかは、家庭の影響力が非常に強い。また、学校外のNPOをはじめとする民間団体が積極的に市民性教育に取り組んでいる事実もある。それでも、あえて学校教育における市民性教育にこだわるのは、すべての子どもたちに影響力を与えることができるのは学校教育だけだから、そして学校教育は、差別や不平等といった今ある社会の諸問題を改善する契機となりうるからである。

　近代の学校は、貧しい家庭に生まれた子どもでも、本人の努力と能力次第

で将来を切り拓くことを保障すると信じられてきた。いわゆるメリトクラシーの原理である。そして、結果、社会はより平等になっていくことも期待されていた。しかし再生産の理論は、実は学校は、社会の不平等を反映し、その不平等を再生産する装置であることを私たちに示してきた。例えば、主流文化を伝達するのが学校の機能であり、それになじまないマイノリティの子どもたちは学校教育を通じて「失格」を告げられるのだと。

　しかし、学校教育は、私たちの今ある社会の価値観を反映し、子どもたちを「社会化」している一方で、一定の自律性も有している。アップル（訳書，1992）は、学校の自律性を確保する役割を教師に期待している。グラムシ（訳書，2001）が、ヘゲモニー（文化的覇権）という言葉で市民が形成する公共圏のありようを説明したのと同じく、教師は、国家の官僚組織の末端の一員として、政府もしくはマジョリティ集団に「都合のよい」若者の育成に従事することもできるし、これからの社会を「よりよく」創造していく市民を育成することもできる。「よりよく」とは、私たち一人ひとりの多様な生き方が今よりも保障されることである。そして社会だけでなく学校もまたマイノリティ集団や個々の子どもたちのニーズに応答的な場になってほしいと思う。市民性教育は、その契機になると私は考えている。主流文化のみを教える学校教育は、市民性教育を通じて変革されなければならないということでもある。

　部落差別を例にとると、今日でも多くの若者が被差別部落について家庭で誤った認識や差別的な言説を教えられている。こうした認識を改めるのに大きな役割を果たすのは、すべての子どもが通う学校教育の場であるし、これまでも多くの教師、多くの学校が差別の解消、人権文化の創造につとめてきたはずである。

　さらに、市民性教育は、受動的でモノローグ的な授業を能動的で対話的なものへと変革する契機になることも期待できる。しばしば、学校学習は、現実生活や社会から切り離された、抽象的な知識を頭のなかにつめこむものだと批判される。それに対し、市民性教育は、仲間や社会のニーズに能動的にかかわることが求められる。子どもたちの学習に学ぶ意味を吹きこむのが市

民性教育である。

　大阪に、松原高校という府立高校がある。1974年に開校する3年前から、「地元の中学卒業生が通うことの出来る高校を」とPTAや中学校生徒会等の運動により4万人もの署名を集め、全日制普通科高校として設立された。地元の新しい学校を共に創ろうという思いのもと、「一切の差別を許さない学校」「落ちこぼれを許さない学校」「地域に根ざした学校」という3つのスローガンを掲げ、教育活動に取り組んだ。しかし、開校数年は差別事件や「荒れ」との闘いが続いたという。

　転機は1978年に訪れる。中学でともに学んだ重度の知的・身体障がいのある生徒2名とともに高校に通いたいという地元中学生たちの願いが松原高校を動かし、「準高生」という松原高校独自の取り組みが始まった。「準高生」は、同学年の有志生徒たちがつくる「仲間の会」によって支えられ、高校での活動や授業での交流の場を得た。「準高生」の受け入れにより、かれらだけでなく、それぞれの生徒が互いの立場や思いを理解しようとしあう雰囲気がそれまで以上に醸成されていき、仲間づくりは松原高校の文化の核となっていった。教師が個々の生徒へ注ぐまなざしと支援も、それまで以上にきめ細やかになっていった。「準高生」の取り組みは、2006年度より「知的障害生徒自立支援コース」として制度化され、現在では「交流生」ではなく「高校生」として仲間とともに学び育つ場を得ることができるようになっている。

　仲間の声に耳を傾け、仲間とともに高校に行くために社会を変えていこうとした当時の中学生の運動は、まさに人権教育に基盤を置いた市民性教育であろう。社会に貢献するというと、ボランティア活動ぐらいしか思い浮かばないかもしれないが、私たちと社会を結ぶチャンネルはそれだけではない。そして、社会は担うだけの場所ではなくて、私たち一人ひとりの小さな声を届けて新たにつくっていく場所でもある。

本書の構成

　本書は、8章と資料からなる。第1章では、市民性教育を具体的にイメージするために、英国のシティズンシップ教育や、国内の市民性教育政策等を概観する。

　第2章では、市民性教育が求められる背景とその言説の多様性を描き出す。なぜ今日、市民性教育が注目されるのかということと、どのような言説が入り混じっているのかを整理する。

　第3章では、市民性教育の代表的な実践例として、品川区小中一貫校の「市民」、お茶の水女子大学附属小学校の「市民」、「よのなか科」を取り上げる。これらは、人権教育に基盤を置いた市民性教育の特徴を映し出す「鏡」でもある。

　第4章では、市民性教育の有力な学習方法である、サービス・ラーニングを取り上げる。サービス・ラーニングは、多くの学校で取り組まれているので、一つの実践例を取り上げるというのではなく、サービス・ラーニングの多様性を中心に説明している。

　第5章では、人権教育に基盤を置いた市民性教育の実践例として大阪の萱野小学校を取り上げている。萱野小学校は、筆者が授業づくり等でかかわりがある学校で、本書の着想の多くはここでの経験がもとになっている。

　第6章では、市民性の多様性を整理する枠組みを示すとともに、人権教育に基盤を置いた市民性教育を概念化している。同じような実践でも、人権教育に基盤を置いた場合にどういう違いがあるのか示している。

　第7章、第8章は、市民性教育を学習論に位置付ける論考である。ここだけ、専門的な議論が多くなるが、市民性教育が持つ学習の可能性を提示している。

　最後に、資料として、国際教育到達度評価学会（IEA）による「市民性教育国際調査（ICCS 2009）」認知テストの抄訳を掲載した。市民性教育を評価する枠組みは、いまだ出来上がっていない。その手がかりとしてICCSは可能性を秘めているのではないかと思う。

　本書は、第一に教員をめざす学生のテキストとして、第二にすでに教育に

かかわる仕事についている人たちを念頭に置いて執筆した。それは筆者が、公教育は人権教育でなければならないと考えているからであり、人権教育は市民性教育によって理論武装できると考えるからである。

　その一方で、広く教育に関心のある「市民」にも読んでもらえたらと思っている。市民性教育という時の「市民」は、専門家ではない一般の人という意味も持っているのであって、現代社会はそうした市民が自分の考えをもち、社会にかかわっていく時代であるからである。

第1章　市民性教育とは何か

　市民性教育は、「個人化」とグローバル化が進行するなかで、個人と国家（をはじめとする社会）との関係の再構築が模索されるなか、1990年代に入り世界的に関心が高まったといわれている。米国においては、1990年代にクリントン政権下で教育政策として検討され、英国では「シティズンシップ」科が2002年からナショナル・カリキュラムとして必修化されている。国家と国民の枠組みが揺らぐ欧州でも、欧州評議会が2005年を「教育を通したシティズンシップヨーロッパ年」として、様々な取り組みが行われた。こうした動きに影響を受けながら、日本においても市民性を育むための教育が各地で行われ始めている。

　ただし、市民性教育は、古くからあるテーマであるともいえる。なぜなら市民性教育は、ある社会の成員資格＝シティズンシップを教える／育むものであり、社会が次世代の構成員を社会化しようとするところには市民性教育があるといえるからである。したがって、しばしば市民性教育と民主主義教育を等価に結ぶような語られ方がされるが、それは「皇民教育」、「国民教育」同様に一つの市民性教育にすぎない。「正しい」市民性教育があるのではなく、こうあってほしいと信じる市民性教育がせめぎ合っているのである。

　市民性教育とは、文字通り市民性を育むための教育である。ただし、「市民性」が何をさすのかについて、明確な共通理解はされていない。それは「市民性」という言葉に込める思い、教育を通じて育成をめざす「市民」像に多様性があるからである。見方を変えると、市民性教育が以前に増して注目されている理由の一つは、「市民性」のさし示す内容に揺らぎが大きくなってきているからだともいえるだろう。一昔前であれば、最も明確で私たち一人ひとりにとって重要である帰属集団は国家であり、実際「シティズン」

には「国民」の意もある。故に市民性は国民性と大きな違いがなかったともいえる。市民性とは、ある社会における望ましい「成員らしさ」を意味するが、その「望ましさ」が今日不明確になり、国内外で多様な「望ましさ」が主張されるようになってきているのである。

　本書全体を通じて、市民性教育の多様性を示すことができればよいと考えているが、同時に筆者自身が「望ましい」と考える市民性教育についても説得的に提示したいと考えている。その手始めとして、国や地方自治体において、「市民性教育」や「シティズンシップ教育」という言葉がどのように用いられているのかを概観してみよう。

1. イングランドのシティズンシップ教育

　2002年よりイングランドの中等教育で、シティズンシップ教育が必修化されたこと、そしてその内容が紹介されたことが、国内のシティズンシップ教育、市民性教育の政策化を促し、また諸実践にも影響を与えたことは間違いない。イングランドのシティズンシップ教育については、多くの書籍、論文で紹介されているので、詳しくはそちらを参照してもらえばよいが（長沼ほか，2012）、概要だけでも押さえておきたい。

　英国では若者の社会的疎外や多文化化する国家における市民の育成のためにシティズンシップ教育に期待がかけられるようになった。そして1997年、教育雇用大臣によってシティズンシップ諮問委員会が設けられ「シティズンシップの教育と学校における民主主義の教授」、通称「クリック・レポート」が提出された。

　クリック（訳書，2004）は、シティズンシップ教育の目標について次のように述べている。

　　私たちの目標は、まさしく、この国の政治文化を国全体においても地方においても変えることである。人びとが自分たちのことを、公共生活に影響を及ぼそうとする意志を持ち、その能力を有し、またその技能を備え、

発言したり行為したりする前に事実にもとづいて熟考する批判的能力を備えた、積極的な市民であること。コミュニティへの関わりと公共奉仕活動のこれまでの伝統の中で最良のものを基盤として、それを徹底して若者へと広げてゆくこと、そして若者一人ひとりがコミュニティへの新たな関わり方を大胆に発見し、自分たち自身で行動してゆくようにすること。

クリックは、権利と義務を中心とした、法に守られ法を順守する「受動的」な市民像に代わり、積極的に社会を担っていく市民像を提案しているのである。

クリック・レポートでは、能動的な市民（active citizens）を育成するために、シティズンシップ教育は、以下の3つの構成要素からなるとされている。

(1) 責任ある社会的行動（social and moral responsibility）
　　学校の内外において、児童・生徒が社会的・道徳的に責任ある行動をとること
(2) 地域社会への参加（community involvement）
　　隣人の生活や地域社会に対して関心を払い、社会に貢献すること
(3) 民主社会の知識・技能の修得・活用（political literacy）
　　民主主義の制度・問題・実践を学び、国や地域社会の中でそれらを効果的に運用すること

そして、以下の「4つの成長機会」を提供することが提案されている。

(1) 精神的成長の機会の提供：青少年が人生の意味や目的、人間社会の異なる価値観について知り、理解するのを助ける。
(2) 道徳的成長の機会の提供：青少年が社会における善悪や正義、構成、権利と義務の問題について、批判的な眼を持って正しく認識できるように助ける。

（3）社会的成長の機会の提供：青少年が分別を持った有能な社会の一員となるために必要な理解やスキルを習得するのを助ける。
（4）文化的成長の機会の提供：青少年が自分たちの所属するさまざまなグループの性質や役割を理解するのを助け、多様性と相違を尊重する気持ちを奨励する。

なお、2007年のカリキュラム改訂に影響を与えた「アジェグボ・レポート」では、「責任ある社会的行動」「地域社会への参加」「民主社会の知識技能の習得・活用」の3つの構成要素に、「アイデンティティと多様性」が加えられている。英国民としての共通性と人々の民族的多様性に折り合いをつけることが模索されている。

イングランドのシティズンシップ教育では、政治的な能力に焦点を当てつつも、地域社会に参画するアクティブ・シティズンシップの育成をねらっている。また、多文化社会において、自他をどう意味づけるかというアイデンティティ問題にも取り組もうとしている。

2.「子ども若者ビジョン」と「シティズンシップ教育宣言」

国の政策文書として初めてシティズンシップ教育についての言及がされたのは、内閣府が2010年7月に策定した「子ども若者ビジョン」においてである。「子ども若者ビジョン」は、子ども・若者育成支援推進法（平成21年法律第71号）の施行を受け、「青少年育成施策大綱」に代わるものとして作成された。グローバリズムの進展（多様な価値観をもつ人たちとの共生が必要）、情報化の更なる進展（視野等を広げる一方、被害等の負の影響の懸念）、雇用環境の大きな変化（非正規雇用の増大、フリーター・ニートの数の高止まり）、経済的格差の拡大と世代をまたがる固定化（「子どもの貧困」問題としてクローズアップ）、家庭や地域の養育力の低下、児童虐待被害という状況認識のもと策定され、基本的な方針として、次の5つの理念を掲げている。

①子ども・若者の最善の利益を尊重
②子ども・若者は、大人と共に生きるパートナー
③自己を確立し社会の能動的形成者になるための支援
④子ども・若者一人ひとりの状況に応じた総合的支援を、社会で重層的に実施
⑤大人社会の在り方の見直し

　そして、この理念を実現するための3つの重点課題として、①すべての子ども・若者が生き生きと、幸せに生きていく力を身につけるための取組、②困難を有する子ども・若者やその家族を支援するための取組、③地域における多様な担い手の育成、を挙げている。シティズンシップ教育は、このうちの「すべての子ども」に対する取り組みの一つ、「社会形成への参画支援」として、「社会の一員として自立し、権利と義務の行使により、社会に積極的に関わろうとする態度等を身に付けるため、社会形成・社会参加に関する教育（シティズンシップ教育）」の推進が提言されている。シティズンシップ教育は、社会を形成し、参画するための知識を深め、意識を高めていくものとして位置づけられている。具体的な内容としては、「民主政治や政治参加、法律や経済の仕組み、労働者の権利や義務、消費に関する問題など、政治的教養を豊かにし勤労観・職業観を形成する教育」とされている。
　具体的な取り組みとして、平成25年度版の『子ども・若者白書』では、以下があげられている。

（学校教育における取組）
○新学習指導要領では、社会参画という視点を重視し、例えば、「社会生活を営む上で大切な法やきまり」（小学校）、「契約の重要性」（中学校）、「国民の司法参加」（小学校・中学校・高校）を新たに扱うこととするなど、教育内容の充実が図られている。
○文部科学省は、平成25（2013）年度に、地域の抱える具体的な課題の解決に係る体験的・実践的な学習を学校と地域が連携して行うためのプロ

グラム開発に関する調査研究を教育委員会などに委託して行う。
（法教育）
○法教育推進協議会は、新学習指導要領を踏まえ、学校教育における法教育の実践の在り方や教育関係者と法曹関係者による連携・協働の在り方について多角的な視点から検討を行っている。
（租税教育）
○国税庁は、関係府省や関係民間団体と連携しながら学校の教員を対象とした講習会や学校からの要請に基づく租税教室への講師派遣などにより租税教育の充実に向けた環境整備や支援に努めている。
（金融経済教育）
○金融庁は、「金融トラブルに巻き込まれないためのシンポジウム」の各財務局との共催や「基礎から学べる金融ガイド」の全国の高校・大学への配布や財務局・財務事務所から高校への講師派遣などを実施している。
（労働者の権利・義務に関する教育）
○厚生労働省は、労働者としての権利、義務、各種制度についての教育や啓発活動を推進している。

『平成25年版　子ども・若者白書』（概要版）より

　社会に参画するチャンネルは、政治・司法、労働、消費の分野を通じて想定されているわけである。シティズンシップ教育のアプローチは、文部科学省にとどまらず複数の省庁で取り組まれるものとなっている。

　また「子ども・若者ビジョン」では、「社会形成への参画支援」と並んで「社会参加の促進」として、「ボランティア活動を通じて市民性・社会性を獲得し、地域社会へ参画することを支援」することも述べられている。ボランティア活動は、シティズンシップ教育の一形態であると位置づけられることも多いが、ここで別立てで示されているということは、シティズンシップ教育はボランティア活動にとどまるものではないということが含意されているといえるだろう。

　それに先立つ2006年には、経済産業省が、『シティズンシップ教育宣言』

を出している。そこでは、シティズンシップとは「多様な価値観や文化で構成させる社会において、個人が自己を守り、自己実現を図るとともに、よりよい社会の実現に寄与するという目的のために、社会の意思決定や運営の過程において、個人としての権利と義務を行使し、多様な関係者と積極的（アクティブに）関わろうとする資質」と定義されている。そして、シティズンシップが発揮される分野が「公的・共同的」「政治活動」「経済」の3つに分けられ、それぞれの事例が紹介されている（図1，経済産業省2006）。

「公的・共同的」な分野とは「地域や学校、仲間などの中で、市民の多様なニーズや社会的な課題へ対応するために、政府でもなく企業でもなく、市民一人ひとりが自分たちの意志に基づいて、関係者と協力して取り組むこと」である。

「政治活動」分野は、「民主主義社会での司法・立法過程や政策決定過程等において、積極的に関与・参画し、自分たちの生活を左右したり、社会のしくみに影響を及ぼしたりする政策に、自分たちの意志を反映しようとする活動」とされている。

「経済活動」分野は、「他者と関わり合いながら、社会が必要とする商品やサービスの生産・提供に参加すること、および、アクティブな消費者として自分たちの生命や資産を守りながら、さらにそれに留まらず、社会全体にとってプラスと考えられる消費・生活行動を実現すること」をさすという。

また、シティズンシップを発揮するために必要な3つの能力として
「意　識」：「自分自身、他者とのかかわり、社会への参画に関する意識」
「知　識」：「公的・共同的、政治的、経済分野での活動に必要な知識」
「スキル」：「社会や他者との関係性の中でいかす際に必要な知識」
があげられている。

「子ども若者ビジョン」や「シティズンシップ教育宣言」においては、市民性教育は、社会を形成する若者の育成であり、それは一方で個人の自己実現を、他方で「よりよい」社会の実現を目標としている。また社会を形成する領域としては、政治、労働、消費、地域活動（ボランティア）が念頭に置かれている。これらの領域を通して、私たち一人ひとりは社会とつながって

意識

社会の中で、他者と協働し能動的に関わりを持つために必要な意識

■自分自身に関する意識
　向上心、探求心、学習意欲、労働意欲　等
■他者との関わりに関する意識
　人権・尊厳の尊重、多様性・多文化の尊重、異質な他者に対する敬意と寛容、相互扶助意識、ボランティア精神　等
■社会への参画に関する意識
　法令・規範の遵守、政治への参画、社会に関与し貢献しようとする意識、環境との共生や持続的な発展を考える意識　等

知識

公的・社会的な分野での活躍に必要な知識

教養・文化・歴史、思想・哲学、社会規範、ユニバーサルデザイン、環境問題、南北問題、まちづくり、NPO・NGO　等

政治分野での活動に必要な知識

我が国の民主主義の仕組み（国民主権、代議制、三権分立、選挙制度、政党など）、国民の権利・義務、基本的な法制度、政府の仕組み（内閣、府省、財政など）、住民運動、住民参加、情報公開、戦争と平和、国際紛争、海外の政治制度　等

経済分野での活動に必要な知識

市場原理、景気、資本主義の仕組み、ボーダーレス経済、消費者の権利、労働者の権利、多様な職業の存在と内容、税制、社会保障制度（年金、保険等）、金融・投資・財務、家計、医療・健康（薬物や食を含む）、悪徳商法対応、各種ハラスメント、犯罪・違法行為、CSR（企業の社会的責任）等

スキル

多様な価値観・属性で構成される社会で、自らを活かし、ともに社会に寄与するために必要なスキル

多様な価値観・属性で構成される社会で、自らを活かし、ともに社会に寄与するために必要なスキル
■自己・他者・社会の状態や関係性を客観的・批判的に認識・理解するためのスキル
　自分のことを客観的に認識する力、他者のことを理解する力、ものごとを俯瞰的にとらえ全体を把握する力、ものごとを批判的に見る力　等
■情報や知識を効果的に収集し、正しく理解・判断するためのスキル
　大量の情報の中から必要なものを収集し、効果的な分析を行う力、ICT・メディアリテラシー、価値判断力、論理的思考力、課題を設定する力、計画・構想力　等
■他者とともに社会の中で、自分の意見を表明し、他人の意見を聞き、意志決定し、実行するためのスキル
■プレゼンテーション力、ヒアリング力、ディベート、リーダーシップ、フォロワーシップ（多様な考え方や価値観の中で、批判的な目でチェック機能を果たしたり、リーダーの意を汲んで行動したり、適切な役割を果たす力）、異なる意見を最終的には集約する力、交渉力、マネジメント、紛争を解決する力、リスクマネジメント　等

図1　シティズンシップを発揮するために必要な能力の全体像

おり、子どもたちが社会とつながるための力を養う必要があると考えられている。またここでは、市民性教育やシティズンシップ教育でしばしば言及される地域社会や国家への愛着やアイデンティティ形成、道徳教育といった側面については、あまり触れられていない点も注目しておきたい。

3. 自治体における市民性教育の推進

地方自治体においても市民性やシティズンシップをキータームとして教育を推進するところが出てきている。その方針をもとに実践が蓄積されているが、本節では自治体の政策文書を手がかりにして、すなわち「方針」の方に焦点を当てて紹介していく。

和歌山県
和歌山県では、「教育に求められる新しい視点」の一つとして「市民性を高める教育」を提唱している。2009年に出された和歌山県教育振興基本計画では、総合的かつ計画的に取り組む施策として「市民性を高める教育、キャリア教育、職業教育の推進」があげられ、「自律と共生の社会をめざし、社会の形成者としての自覚を持ち良き社会人としての自立を促すため、市民性を高め、望ましい勤労観・職業観を育む教育を実践します」と述べられている。県教育委員会のパンフレットによれば、「市民」とは、「権利と義務をもつ主体として尊重されるとともに、その責任を果たすことが求められる存在」であり、そうした主体としての自覚と行動の仕方を「市民性」と呼ぶとされている。そして「市民性」は、「社会に適応する力」と「ともに社会をつくる力」を合わせ持つもので、人や社会とのつながりを大切にしながら、地域社会の一員として、よりよい地域づくりに積極的に参加できる資質や態度をさすとされている。市民性は、「自立」「共生」「社会参加」から構成されるという。

> 自　　立：自らの向上をめざし、自分の思いや考えを大切にして、主体的
> 　　　　　に行動できる資質や態度（自主自律・個性尊重・希望、勇気・
> 　　　　　向上心　など）
> 共　　生：他者とのつながりを大切にし、相互理解を深めながら、調和を
> 　　　　　めざした行動がとれる資質や態度（思いやりや感謝・意思疎通
> 　　　　　・責任感・協調性　など）
> 社会参加：よりよい地域づくりをめざして、社会の一員としての自覚を持
> 　　　　　って自分たちができることを積極的に行う資質や態度（公徳心
> 　　　　　・社会連帯・郷土愛・社会的役割　など）

　また市民性を高める教育は、学校内だけではなく家庭・地域との連携のなかで行われるものであることも強調されている。和歌山県では「学校・家庭・地域が子どもを取り巻く問題や教育の課題・願いを共有し、その解決に取り組む共同実践を行う拠点」として「地域共育コミュニティ」づくりを推進しており、子どもたちの市民性も、学校内だけでなく、地域活動への参加のなかで育まれるものとされている。

　学習活動例としては、小学校低学年では、「自分の住む地域に愛着をもつ」とともに「『市民性』の基礎であるルールやマナーについて体験を通して理解」する「まち探検」があげられている。小学校高学年では、「みんなで考えよう　私たちの町」として防災をテーマにした探究活動があげられている。中学校では、社会科の学習単元として、基本的人権や地方自治について理解しながら、もっと住みよいまちづくりへの提案をしたり、特別活動として「よい学校・地域にしよう」というボランティア活動があげられている。高等学校では、「次世代エネルギーについて考えよう」として、自分たちの問題としてエネルギー問題を引き受け、社会参画の意識を育てる学習があげられている（図2）。

　和歌山県の市民性教育は、学校・家庭・地域の連携で地域の子どもを育て、大人にしていくことがねらわれている。地域を担う大人になるために必

第1章 市民性教育とは何か

```
            他者や社会とのつながりの中で活躍できる
           ┌────────────────┼────────────────┐
          自立              共生            社会参加
```

段階 \ 取組の方向	自分を高める	豊かに関わる	進んで役立つ
	・自尊感情を高める ・規範意識を育てる　など	・他者への共感性を育てる ・コミュニケーション力を高める　など	・地域や社会への認識を深める ・まちづくりや地域活動等に参加（参画）する　など
小学校	○自分の良さや欠点に気付き、自分らしさを大切にしながら、目標に向かってがんばる。 ○約束やルールを守り、基本的な生活習慣を大切にした生活をおくる。	○集団活動に積極的に参加し、互いのよさを理解しながら、自分の役割を果たす。 ○あいさつや言葉遣いなどに心がけ、友達と意見や気持ちを交流しながら活動する。	○地域社会とのふれあいを深め、ふるさとのよさを知る。 ○よりよい学級や学校をめざし、自分たちにできることを考えて実践する。
中学校	○自分のよさを積極的に伸ばしながら、より高い目標をめざして努力する。 ○ルール、決まりの必要性や自分の言動が及ぼす影響を理解し、適切な行動をとろうとする。	○互いのよさや立場を理解し、互いに支え合いながら、よりよい集団活動をめざす。 ○相手の立場に配慮しながら、意思疎通に心がけ、積極的に人間関係を築く。	○市民として必要な知識を高め、地域活動の意義などを理解する。 ○よりよい学校や地域をめざして課題を見つけ、解決していこうと積極的に取り組む。
高等学校	○自分の将来を見据えながら目標や夢の実現に向けて自分の能力を高めようとする。 ○社会規範の必要性や意義を理解し、社会の一員としてマナーやモラルを高める。	○集団の一員として、自覚と責任、相互理解を大切にしながら自治的な活動が展開できる。 ○様々な文化や価値観を理解し、異なる意見に配慮しながら、豊かな人間関係を築く。	○地域社会の担い手としての自覚をもって、社会の動向を多面的、多角的に理解する。 ○よりよい地域・社会をつくるため、積極的に意志決定に参画し、多くの仲間とともに行動する。

図2 「子どもたちの「市民性」を育てるために」和歌山県教育委員会作成パンフレットより

要なのが、ルールやマナー、道徳性であったり、ボランティア活動であったり、社会のことを考える学習であったりするのである。

神奈川県

　神奈川県では、2007年度より、特に県立高等学校を中心にして、キャリア教育の取り組みを発展させるかたちで、「シチズンシップ教育」を推進している。シチズンシップ教育は、「よりよい社会の実現に向けて、規範意識を持ち、社会や経済のしくみを理解するために必要な知識や技能を身につけ、社会人として望ましい社会を維持、運営していく力を養うため、積極的に社会参加するための能力と態度を育成する」とされている。2010年度には、シチズンシップ教育活動開発校13校が実践・研究を進めるとともに、政治参加教育の一環として、政治を生活に身近で重要な問題ととらえ直すきっかけとして、参議院議員選挙の機会を活用し、模擬投票をすべての県立高校で実施している。そして、2011年度からは、すべての県立高等学校において、①政治参加教育、②司法参加教育、③消費者教育、④道徳教育（モラル・マナー教育）の柱を設定し、シチズンシップ教育を教育課程上に位置づけている。

シチズンシップ教育推進の背景

◇変化が激しい社会の中で、社会的・経済的な自立についての課題が指摘されていることから、社会人や職業人として、基本的な能力や態度、意欲、そして自ら考え、主体的に行動する力を育成することが求められている。

◇若者の投票率の低下、政治や社会、経済活動に対する知識が十分でないことなどが指摘されていることから、社会の動きや世の中の出来事などに対して、興味・関心のもてる人づくりを進めることが求められている。

◇規範意識やマナーの低下傾向がうかがえることなどが指摘されていることから、公共の精神を尊び、社会人としてより良い社会を形成しようとする意欲や、態度を育成することが求められている。

> 育成したい力
> ①責任ある社会的な行動
>   ◆社会の一員としての自覚をもち、社会的・道徳的に責任ある行動をとること
> ②地域社会への積極的な参加
>   ◆地域社会に対して関心をはらい、積極的に社会参加し、貢献すること
> ③社会や経済の仕組みについての理解と諸課題の解決
>   ◆生涯を通じて、社会や経済の仕組みの理解に努め、社会的な諸課題の解決に主体的に取り組むこと

> 取組内容
> ①政治参加教育　「模擬投票」等を通じて、政治と選挙についての学習などにより、政治意識を高め、主体的に政治に参加する意欲と態度を養う。
> ②司法参加教育　司法関係者と連携した「出前講座」や「裁判傍聴」、「模擬裁判」等を通じて、平成21年度に新たに導入された裁判員制度など、司法制度を理解し、主体的に司法にかかわる意欲と態度を養う。
> ③消費者教育　広く経済社会の仕組みを理解し、社会保障や金融経済に関する適正な理解や判断力を培い、消費者としての責務等について学び、自ら課題意識をもち、主体的に社会を形成する意欲と態度を養う。
> ④道徳教育　情報や交通、環境等の身近なテーマにより、モラルやマナーの意識を高め、主体的に社会にかかわる意欲と態度を養う。

神奈川県のシチズンシップ教育概要（神奈川県立総合教育センター，2012）

　実践例を挙げると、政治参加としては、模擬議会や模擬投票といった参加体験型の学習や消費税にかかわるグループディスカッションが取り組まれた。司法参加教育では裁判員制度の学習が、消費者教育ではフェアトレードや「悪質商法」の学習が行われた。また道徳教育としては、モラルやマナー

について討論型の学習や「いのちの学習」に取り組んだことが報告されている（牛島，2012）。

佐賀市

佐賀市では、2006年度より「佐賀市教育基本計画」に基づき、「市民性をはぐくむ教育」を推進している。「市民性をはぐくむ教育」は、「子どもを市民の一人としてとらえ、社会体験や地域での活動を通して、感謝や思いやりの心、社会参画の意識を持った大人への成長を促す取組（出番・役割・承認のサイクルを大切にする）」であるとされている。

核家族化、少子高齢化、都市化、情報ツールの発達などにより、家庭・地域の「つながりを大切にした生活」が弱まり、「自分さえよければ」とか「地域社会のことは関係ない」といった風潮が蔓延し、まわりの人たちと一緒になって社会を創り上げようという、自治意識が醸成されなくなることが心配されるという現状認識の下、「未来の佐賀市を担っていく子どもたちに、小さい頃から大人が地域づくりをする姿を見せ、子どもたちにも出番と役割を準備し、活動したことに対してしっかり評価（ほめる、ねぎらうなど）することを繰り返し行っていくことで「市民性」をはぐくみ、高めていきたいと考えている」という。また「子どもを単なる保護の対象としてみるのではなく、市民の一人として捉え、将来の"さが"を担っていくために必要な力を身につけさせていく学校と地域の協働の営み」（市教委パンフレットより）であるとも述べられている。

「市民性」は、「よりよい社会の実現のために、まわりの人と積極的に関わろうとする意欲や行動力のこと」を意味するとして、「市民性がはぐくまれた人」を以下のように例示している。

①身近な集団に進んで参加し、自分の役割と責任を自覚した言動をとることができる人。
②他の人々に対し感謝と思いやりの心をもった言動をとることができる人。
③困っている人に出会ったとき、自分に何ができるか考え実行できる人。

④ボランティア活動や地域活動に協力し、地域の一員としての役割を果たすことができる人。
⑤自治意識を持ってよりよい社会の実現に努力することができる人。
⑥地域社会の習慣や伝統文化等の良さを知り、守り育てる行動をとることができる人。

　佐賀市の市民性を育む教育のキーワードは、「出番」「役割」「承認」である。学校と地域が「こんな子どもに育てたい！」という共通ビジョンをもち、地域や学校の活動のなかに子どもたちの「出番」と「役割」を与え、大人がそれを支え、やりきったことに対してきちんとほめて育てる（＝「承認」）ことが大切であるとされている。身近な行事に大人も子どもも参加することで、地域の一員であるという所属意識が芽生えたり、自分も必要とされているということが実感できたりする。そして活動の中で、さらに地域やその活動を良くしていこうと、周りの人々と助け合いながら取り組んでいく。このような営みを繰り返していくことで「市民性」がはぐくまれていくという。
　また、学校では、総合的な学習の時間、生徒会活動、道徳、社会科などの時間を使い、地域の行事と関連付けて、子どもたちが地域へ出向き、様々な体験や地域社会への提案を通じて、「市民性」をはぐくむことができるよう支援していくとされている。

---

1. 行事等の目標を明確にもち、子どもに知らせましょう（目標の共有化）
2. 子どもたちが参画できる行事等を増やしましょう　　　　　（出番）
3. 子どもたちの主体的な活動が保障される場面を設定しましょう（役割）
4. 子どもたちに達成感を持たせるため、その頑張りを認め、誉めましょう
　　　　　　　　　　　　　　　　　　　　　　　　　　　　（承認）

　地域の子どもを、地域の一員としての役割を担わせながら、地域全体で育てていこうというのが、佐賀市の市民性を育む教育である。

八幡市

　京都府の八幡市では、平成 20～22 年度にかけ、市内のすべての小中学校において、シティズンシップ教育の理念に基づく研究開発に取り組んだ。コア・プログラムとして「やわた市民の時間」を設け、サブ・プログラムとして従来の教科、道徳、特別活動、総合的な学習の時間等をシティズンシップ教育の観点か位置づけられた。「やわた市民の時間」は、年 10 回程度設定された時間（生活科・総合的な学習の時間から充当）で、「経済・キャリア」「ルール・マナー」「民主主義」「ユニバーサルデザイン」の 4 つの観点からプログラムが設計されている。サブ・プログラムは、校外学習や人権学習、体験学習、児童生徒会活動、食育・命の学習、学校行事全般などの取り組みをシティズンシップ教育の観点からとらえ直して行われた。

　八幡市のシティズンシップ教育では、シティズンシップを発揮するために必要な能力として「意識（思う）」「知識（わかる）」「スキル（できる）」の 3 つの観点を設定している。

「意識」：「社会の中で、他者と協働し能動的に関わりをもつために必要な意識」
「知識」：「公的・共同的、社会的、経済的分野での活動に必要な知識」
「スキル」：「多様な価値観で構成される社会に参加するために必要なスキル」

　そしてこの 3 つの観点に沿って、「目指す子ども像」として「10 のビジョン」が策定されている。

意識	①自分を大切にしようとする子ども
	②他者を思いやろうとする子ども
	③自分の行動に対して責任をとろうとする子ども

知識	④社会の規範、ルール・マナーを理解している子ども ⑤民主主義に必要な権利や義務を理解している子ども ⑥経済や金融の意味や意義とキャリアデザインについて理解している子ども ⑦ユニバーサルデザインについて理解している子ども
スキル	⑧他者とコミュニケーションができる子ども ⑨必要な情報を収集し、判断、分析できる子ども ⑩社会を正しく見ようとする力を身に付けた子ども

「シティズンシップ教育を通して目指す子ども像」（10 のビジョン）

　八幡市のシティズンシップ教育は、その上位枠組みとして「学校のユニバーサルデザイン化構想」があり、「豊かな市民力」「しなやかな身体力」「確かな学力」の調和のとれた育成を図ることによって「人間力」を身に付け、「自分を磨き、やわたをつくる」子どもたちを育てることがねらわれている。シティズンシップ教育は、このなかの「豊かな市民力」「しなやかな身体力」の育成を担うとされている。

J-CEF
　最後に、行政とは別の動きにも触れておきたいと思う。2013 年春、「日本シティズンシップ教育フォーラム」（J-CEF）が設立された。J-CEF は、「市民一人ひとりの能動的な参加を地域や社会を創造するエネルギーに変えていく民主主義の成熟を実現するため、シティズンシップ教育に関わる個人・団体間の交流や協力を進め、その実践を推進する環境づくりを通じて、日本におけるシティズンシップ教育を広範に進展させることを目的とした団体」である。学校内外の教育実践者、大学等の研究者などシティズンシップ教育に関係する人々がネットワークを広げていることをめざし、活動が始まっている。
　これまで、国や地方自治体レベルでの市民性教育の動向を紹介してきた

が、こうした動きは必ずしも学校教育内部から起きたものではないことに注意する必要があるだろう。国レベルでも、早くからシティズンシップ教育や市民性教育に言及してきたのは、経済産業省や総務省であり、文部科学省の動きは鈍い。神奈川県の県立高校でシチズンシップ教育が推進されたのも、松沢神奈川県知事の意向が大きいといわれている。これを国や行政に「都合の良い」主体の育成をめざし、教育の独自性が脅かされる施策であるとみることもできる。杉浦（2013）のいう「上からのシティズンシップ」には、大きな留意が必要であろう。

　その一方で、市民性教育への動きが、学校教育に携わる人々の内部からあがってこないことは、学校教育が社会との連関を欠いた「閉じた教育」になっていることを示唆しているとみることもできる。市民性教育は、学校教育が現実社会とのつながりを取り戻す要になりうるのではないだろうか。価値観が多様化する社会の中で、「熟議」を重ねることで、より「望ましい」地域や社会の創造と変革の過程に参画していく力を育むことが期待されている。子どもたちだけでなく大人も含めて、私たち一人ひとりがよりよく生きること、よりよく生きることを可能にする社会をつくることがめざされている。そのなかのキーワードが市民性教育であり、シティズンシップ教育である。

社会とつながる力を育む

　市民性教育は、テーマとしてどんな内容を扱うのか。それは、市民として十全に社会に参画するためにどんなことを学ばなければならないかということである。狭い意味での市民性教育は、政体を同じくする人々が、政治にかかわるための知識・スキル・態度を身につけるものであった。しかしながら、本章で概観してきたところからすると、その領域は、政治・司法、経済、文化、地域社会と多岐にわたる。それは私たちが、主権者として、労働者として、消費者として、生活者として、国家・地域社会・国際社会の一員として等々、社会と複数の関わり合いがあるからである。そうした関わり合い＝つながりが切れてしまうと人は孤立したり、生きていくのが困難になっ

たりし、社会は存続が難しくなる。

　本章で見てきたように、日本においても国レベル、地方自治体レベル、民間レベルで市民性教育について盛んに言及されるようになってきている。次章では、なぜ市民性教育が積極的に取り組まれるようになってきているのか見ていきたいと思う。

第 2 章　市民性教育が求められる背景と諸言説

　本章では、今日市民性教育が求められている背景を整理するとともに、シティズンシップや市民性教育をめぐる諸言説を概観する。そうすることで、今日の市民性教育の多面性を理解する。

1. 後期近代という時代性と個人化・グローバル化

　市民性教育が、世界の多くの国や地域で注目を集めるようになってきたのはなぜだろうか。それを理解するために、私たちが生きる現代社会は、どのような特徴を持った時代なのかを考えてみよう。様々な立場から、様々な市民性教育が提案・実施されているが、その背景には私たちが生きる現代社会の特徴がある。デュルケム（訳書，1964）は、普遍的な教育というものはあり得ず、それぞれの社会に即して、教育は変化すると述べている。教育は、私たち一人ひとりが潜在的に秘めている能力を開花させるものであるとともに、社会が求める人間を育てるものなのである。特に市民性教育という場合はそうであろう。

　ギデンズやベック、バウマンといった社会学者たちは、現代社会を「近代」が徹底されたことにより生じた「後期近代」として捉えている。合理性を邪魔するものの払拭、すなわち経済の伝統的、政治的、倫理的、文化的束縛からの自由といった近代の原理により、古い伝統から個人が解放される一方、私たちがいかに生きるべきかという指針は以前より不明確になっているという認識である。

　「液状化する近代」という表現で後期近代を説明するバウマン（訳書，2001）によれば、近代化が進むことで私たちは自らを規定する階級、階層、家族、民族、男女の性差など、あらゆる集団的属性から解放されてきた。そ

の結果現れてきた液状化する近代は、「同じ近代でも個人、私中心の近代であり、範型と形式を作る重い任務は個人の双肩にかかり、作るのに失敗した場合も、責任は個人だけに帰せられる。そして、今、相互依存の範型と形式が溶解される順番をむかえている。それらは過去に例が無いほど、また、想像を絶するほど柔軟になっている」という。以前であれば、自分が何者であるのかといったことは、自分が帰属する社会的属性から述べることが出来た。しかし今日それは自らの責任で獲得しなければならない。「『個人化』は、アイデンティティを、『あたえられるもの』から『獲得するもの』に変え、人間にその獲得の責任、獲得に伴って生じる（あるいは、付随する）結果の責任を負わせることからなる」、いわば「強制的自己決定の時代」に入ったのである。

　さらには、その自己決定は社会の制度的な枠組みに守られていないので、継続性に乏しく壊れやすい。バウマンは、それを消費によって束の間の自己実現が果たされるに過ぎないと否定的に述べている。様々なしがらみから逃れ、自由に生きることができるように見えて、自由を謳歌するための基盤が掘り崩されている。バウマンは、このことを「液状化する近代」という言葉で表現しているのである。かつて、個人を古いしがらみから解放するかにみえた近代の原理は、今日、私たちの依って立つ基盤を掘り崩してもいるのだ。

　幸せな生き方であるとか、大人になるということも以前であれば自明のことであった。日本においては長らく、学校を卒業し、一斉採用により就職することが一人前の大人＝社会人になるターニング・ポイントであった。また結婚することで新たな家庭を作り出した。こうした関係は生涯続く安定したものであると考えられてきた。しかし、1990年代に日本を襲ったバブル景気崩壊後、この学校を卒業して就職し（定年まで同じ仕事を続け）、結婚し子をもうけ、育てるというモデル＝ライフコースが急激に影響力を失ってきた。婚姻関係や仕事といった生涯続くと思われていた関係もいつ「契約解除」されるかわからない不安定なものになってきており、私たち一人ひとりの生活の不確実性、将来の見通しの悪さは増すばかりである。

前期近代を生きたデュルケムは、(前期)近代は、「神」に代わって「社会」を生み出し、人々の生活を安定させようとしたと考えていた。それは20世紀半ば、福祉国家に代表される社会保障制度や近代家族、安定した職などに具体化されていった。しかし後期近代においては、個々人が、自己責任において生活を営んでいかなければならない。「近代の徹底」により、福祉国家は新自由主義国家に代わり、私たちに自律や自助を求めてくる。私たちの生活を支えていた社会の諸制度は弱体化し、代わりに勢力を増しているのは私たち一人ひとりに「消費」を促す、また職を与えたり奪ったりするグローバルな企業体である。古い慣習に縛られず、自分らしく生きる「自由」は、実は制度的な社会の支えや身近な人と人とのつながりがあってこそ追求できるものだったのである。今日私たちは、それを脅かす国家やグローバルな企業体に対抗していかねばならない状況にある。

　さらにそうした自己決定は、あらゆる人に平等に開かれているわけではない。「個人化」のリスクは、社会経済的格差に応じて不平等に分配されており、私たち一人ひとりのおかれた社会的条件によって、自己実現の可能性は偏って配分されている。生まれた「身分」にかかわらず自己実現できるというのが近代の理想であったと思われるが、後期近代においては、「生まれ」が再び大きな影響力を持つようになっているのである。

　そして「個人化」が進行する社会においては、私たちの関心は、自分の身の回りのことに特化することになり、私たちに共通の基盤や問題、すなわち公共領域の問題に目が向きにくくなる。公的空間からは社会的責任をもった市民が消え、代わって、個人化した消費者が登場する。そして公共の利益にかかわる大文字の政治は、個人的利益をめぐる「生活政治」にとって代わられる。私たちはこの生活政治にとらわれ、そこでサバイブすること、もしくはうまく波に乗ることをめざすようになる。「個人主義は、市民そして同類者たち大衆のうちで自分を孤立させるようにさせ、そして自らの家族とその友人たちとともに、その大衆から離れたところに引っ込ませるようにする。そのために、各市民はこのようにして、自ら使用する小社会を作り上げた後で、自ら進んで大社会をそれ自体に任せ放任するのである」とは、すでに150

年も前、当時の米国の姿からトクヴィル（訳書，1987）が指摘していたことでもある。

　また、後期近代は、専門家（官僚や科学者）の「正しい」判断に「お任せ」するのではなく、素人の市民一人ひとりがものごとを判断し、行動することを求められる時代でもある。これまで、公共といえば行政のすることをさしていた。それが今日では、公共領域を独占してきた政府や地方行政から市民の手に公共性を取り戻すものとして理解され、参加民主主義やボランティアが称揚されている。個人化、多様化するニーズに柔軟に対応できるのは市民であり、市民の力で、社会をよくしていこうというわけである。

　ただし、これら「草の根民主主義」も生活政治に終始すると、公共性の仮面をかぶった私的コミュニケーションであるにすぎないといえるだろう。また参加が強制となり、結果的に行政の機能を代替する「動員」につながるという危うさも持っている。自助を求める新自由主義的政策は、住民のコミュニティへの参画（にむけて自律する「主体」の形成）を通して表現されるとも言える（渋谷，2003）。自ら進んでリスクを背負い、社会を担う「市民」である。本当に人々に多様な生き方を保障する市民社会なのか、自律できる人だけを引き込み、社会経済的に不利な立場の人々を「怠惰」で「無能」なものとして切り捨てていくのか。後者は所与の社会に適する人を選別しているに過ぎないのであり、避けねばならない道であろう。

　また福島原発の事故に典型的に表れているように、科学技術は私たちの生活を豊かにする一方で、私たちは原発を有することで新たな「リスク」を抱えることになり、そのリスクは決してなくなりはしない。出生前診断のように、技術的に可能であっても倫理的な判断を迫られる問題もある。こうしたとき、専門家の知恵は絶対的なものではなく、情報公開の上で私たち一人ひとりが判断するものになってきている。医療現場における「インフォームド・コンセント」も同様の流れのもとにある。決めるのは専門家ではなく、私たち素人の市民なのである。

　リスクや判断は、私たち一人ひとりにかかっている一方で、私たちが共同で取り組むことのできる（取り組まねばならない）ものでもある。「正解」

が必ずしも存在しない後期近代社会においては、価値の対立が起こりうる。個々人が正しいと思うことを行うので済むのであればそれほど問題でもないのかもしれないが、社会を成立させるためには、私たちは意見の相違や利害対立を調整しなければならないことも少なからずある。多様な生き方は尊重されるべきではあるが、それが他の人の生き方を侵害するものであってはならないだろうし、ある人の生き方が侵害されるのであれば「他人の不幸」と知らんぷりをするのではなく公共の問題として議論しなければならないだろう。

　以上まとめると、現代社会において私たちは、何者であるかを自ら示していかなければならない。自動的に帰属する集団があるのではなく、自ら帰属を選ぶ、もしくは帰属を認められる者にならねばならない。そしてその帰属は、常に不安的で先行き不透明である。また、国に頼らず地域社会を自ら担っていく積極的市民像が求められるようになっている。そして、国だけでなくグローバルな企業体に対して抗する市民社会形成が求められている。ただし、集団に帰属できるかどうかは、社会経済文化的な格差によって大きな格差がある。教育という観点からすれば、格差を考慮しながら、自分たちで判断し、社会を担い創っていく市民の育成が求められる時代であるといえるだろう。

2. 現代社会におけるシティズンシップの諸類型

　本節では、市民性の原語であるシティズンシップ概念に関する議論を検討する。シティズンシップは、「市民性」だけでなく「市民権」とも訳されるように、ある社会における成員らしさや成員資格（メンバーシップ）を表す言葉である。歴史的に見てシティズンシップの概念は変容してきており、また現在では複数のシティズンシップ概念が競合している。シティズンシップ概念を概観することで、市民性教育が多様に言説化される背景を整理したい。

リベラル型のシティズンシップ

　市民性＝市民にふさわしい資質（シティズンシップ）とは何を指すのか。ヒーターによれば、シティズンシップ論は、リベラル型とシヴィック・リパブリカン型に区別できるという（訳書, 2002）。前者は「市民権」と訳すとぴったりくるもので、個人の権利を重視し、その権利侵害から個人をいかに守るかという問題意識がある。このシティズンシップは、歴史的に見て、自由的・政治的・社会的権利の順に、労働者階級、被生活保護者、女性へと拡大されていったが、それを保障する役割は、近代国民国家が担ってきた（マーシャル＆ボットモア, 訳書, 1993）。そこではもっぱら個人の権利を国家がいかに保障するのかという問題に焦点が当てられ、公共の事柄へのコミットメントは重視されていない。英国に代表される「福祉国家」におけるシティズンシップは、リベラル型の到達点の一つであろう。それは、人々がそれぞれに自由に生きることを保障しようとするものであり、人々を形式的に平等に扱う。

　個々人が善き生を追求する資質といったものは、私的な事柄であるとされ、「公」（国家）はそれに中立であり、介入しないことが求められる。リベラルなシティズンシップは、国家に保障されるものであると同時に、国家の不当な介入から個人を守るためのものでもあり、このことはバーリン（訳書, 2000）のよく知られた「消極的自由」と「積極的自由」の概念を参照することで理解できる。バーリンによれば、消極的自由は、善き生の多元性を前提としており、人々がそれぞれ干渉されることなく自らの善き生を追求することをさす。一方積極的自由は、理性的に自己を支配することをさす。そして理性的な自己をめざすことは、すべての人を理性的／非理性的に序列化し、より理性的であるように促し、価値の一元化がはかられる。理性的にみれば、善い生とは一つしかないわけで、みながそれをめざすべきだというわけである。積極的自由は、結果として個々人に単一の善き生を押し付け、全体主義へと陥る。ゆえに自由は消極的でなければならないというのがバーリンの主張するところである。リベラル型は形式的に人々を平等に扱い、人々の生き方に介入しないことで多元的な善を保障しようとしたのである。

シヴィック・リパブリカン型シティズンシップ

これに対してシヴィック・リパブリカン型では、何よりも共同体への参加が重視される。その起源である古代ギリシャにおいて、ポリスへの政治参加を通じて共通の善を追求することが個人としても「善く生きる」ことであった（アリストテレス，訳書，1961）ように、人々が共同体の構成員として市民的徳を追求し、実践することが求められる。そこでは個人的なことを追い求めることは低く見られており、アーレント（訳書，1994）の言うように、私的な状態は公的な権利を剥奪されている（de-prived）ことを指した。マッキンタイア（訳書，1993）らいわゆるコミュニタリアンが指摘するように、私たちは共同体との関係を通じてアイデンティティを確立するのであり、リベラル型が想定するような共同体を離れて独立した「負荷なき自己」（サンデル，訳書，1992）など存在しないというのがこのシヴィック・リパブリカン型の前提にある。リベラル型では、「善き生」は私的な問題であったが、シヴィック・リパブリカン型においてそれは、共同体への参加を通じて公的に追求されるべきものとなる。

シヴィック・リパブリカン型は、リベラル型が権利ばかりを主張し、参加を重視しないことを批判するものと位置づけられており、「シティズンシップの権利の受動的な受容を、経済的自立、政治参加、あるいはさらに市民性といった、シティズンシップの責任や徳性の能動的な発揮によって補完する（あるいは置き換える）ことが必要だと論じている」（キムリッカ，訳書，2005）。リベラル型が「権利と義務」と強い関係があるのに対し、「参加とアイデンティティ」と結びつくのがシヴィック・リパブリカン型である（デランティ，訳書，2004）。ここでは社会への参加・貢献とそれによる帰属意識がシティズンシップとして重視されるのである。おそらく、かつて個人の尊厳は自由権や社会権などの保障を通じて達成されると思われていたが、今日では社会への参画と結びつけて考えられるようになってきているのだろう。後に述べるように、社会に包摂されていること、つながりがあることが個人の自己実現を支えるのであり、そうでない＝社会的に排除された状態をシティズンシップの欠如としてとらえるのである。

シヴィック・リパブリカン型は、共通の善い生を共同体への参加によって追求しようとするが、国家に忠実な市民であるか、国家への権力集中を避ける結社を担う市民であるかによって異なる様相を見せる。前者は、義務を強調し、国家に有用な能力や道徳性を備えることが求められる。後者は、参加を義務としてではなく、善く生きるための手段とみなす。しかしながらしばしば両者は同一視され、善い生の追求という名の下の強制（国家への忠誠）、つまりバーリンが危惧した積極的自由の罠に陥る危険性がある。シヴィック・リパブリカン型は、シティズンシップに参加とアイデンティティ追求という積極的な面を見出した点で評価されるが、同質的な文化共同体を前提としているという決定的な難点がある。そこでは所与の実体的な共通善が追求されるため、個人の善い生き方に多様性を認めにくいのである。それは一方で人々に同化を強制し、十全に同化できない／しない人々を排除することになる。ゆえに、多元主義を維持しながら、参加とアイデンティティを重視する積極的なシティズンシップを模索することが必要である。

差異化されたシティズンシップと節合
　リベラル型は、シヴィック・リパブリカン型からすると、一見人々の多様性を保障しているようにも見える。しかしキムリッカ（訳書，1998）は、人々の善い生き方を諸権利の形式的平等によって保障しようとすることは、結果的に人々の多様なニーズを無視し、社会のマジョリティの優位に働くに過ぎず、マイノリティの諸権利を保障しないという。善く生きるためには単に形式的に平等な権利＝シティズンシップを付与するだけでは不十分で、アイデンティティの源泉である彼らが属する文化が維持されなければならない。そのためにキムリッカは主流社会の政治経済制度を認めた上で、マイノリティ集団に「エスニック文化権」などの集団別権利を付与することを主張する。マイノリティ集団の善き生を保障するには、多文化的なシティズンシップが必要であるというのがキムリッカの主張である。
　キムリッカの議論は、リベラル型とシヴィック・リパブリカン型の長所をうまく結び付けていると思われる。それは多様な生を私的な領域に押し込め

ることなく、社会において実現することを保障するものだからである。

　しかしながら、さらに必要なのは、ここでいう多元主義＝差異の承認は、何らかの所与の（「本質的」な）集団アイデンティティを前提とするのではなく、何か構成されるべきものと考えることである。なぜならば、所与のアイデンティティは、コミュニティの成員／非成員の境界を固定化し、その内部に対しては差異を隠蔽し同質化を促し、外部に対しては自分たちと相通ずるところのないものとして排除するからである。それは、一方でコミュニティ内部の複合的な差別（たとえば被差別部落における女性差別）を隠蔽し、他方で互いの生が交わらない「文化相対主義」状態になる。人々が多元性を保障され、より善き生を求めて交渉するためには、交渉の過程で構成されるものをアイデンティティとして捉える必要があるだろう。そしてそれは必然的に私たちを複数のアイデンティティの網の目のなかに再定位することを意味する。

　つまりムフ（訳書，1998）が言うように、既存のアイデンティティ集団が「利益集団」として権利を主張しあうのではなく、「民主主義的等価性」の原理によって諸要求を「節合」することにより、部分的に固定化した流動的なアイデンティティを形成することが、多元的なシティズンシップとして必要である。ここでいう「節合」（articulation）とは、「女性や黒人、労働者、同性愛者等々の諸要求の間を同等に結びつけるために、異なった民主的闘争の間の等価性の連鎖を確立する」ことである。

　こうしたアイデンティティを、ムフは、「社会的行為主体」と呼ぶが、それは「種々の主体位置の集合の節合としてのものであり、その節合がなされる社会関係の多様性に対応するものである」。つまり、私たちは、社会的状況に応じて、抱えている問題を共有し、それぞれの差異を超えてつながり、社会に参加することでより公正な社会（＝多元性を反映した社会）の構築をめざすのである。

　私たちのアイデンティティは所与のものでもないし、単一で安定したものでもない。常に、社会的状況と他者との関係から再編成される多元的で不安定なものとして主体を理解しなければならない。リベラル型のように、個々

人が私的な善き生を追求する（公的な問題とは理解されない）のでもなく、シヴィック・リパブリカン型のように、既存の単一の善（多数派のものだが）を追求するための参加でもなく、節合により緩やかに他者とつながり、多元的で流動的な共同体に参加していくことで善き生を追求する資質をシティズンシップ＝市民性として了解することが必要であろう。

「ケア」による市民性の再構成

　シティズンシップ論は、リベラル型にしてもシヴィック・リパブリカン型にしても私的な問題は公的な場に持ち出してはならないことを前提としていたように思う。岡野（2009）は、リベラルもしくはリパブリカンのシティズンシップ論が、市民を「十全な市民権を享受し、政治的参加の資格あるいは義務を持つ者」と定義してきたのに対して、「相互依存関係を中心にした新しいシティズンシップの可能性」として「ケア」の概念を提示している。すなわち、正義の倫理が、自らの権利を主張できる市民を前提としているのに対して、ケアの倫理は応答しうる（responsible）存在であることを求めているのである。具体的な他者の多様なニーズに対してどう応答できるのかが、シティズンシップの要件として立ち現れる。

　また、このことはこれまで私的な問題とされてきたことを公的な議論にさらす可能性にも開かれていることを示している。たとえば、ドメスティック・バイオレンスやセクシャル・ハラスメントのように、これまで私的に解決すべき（堪え忍ぶべき）問題として語られてきた事柄が、公的な「不正義」として扱われるようになってきている。介護の問題も、家族の問題から公的な問題へと移行しつつある（斉藤，2000）。公私の境界は常に揺らぎのなかにあり、何を公的な問題として私たちが共有するのかは、節合の過程で明らかにされることである。マーティン（訳書，2007）は、「社会全体の中で国内／家庭の平穏を保障すること」を「新しい市民性」として提起している。それは、家庭＝私的領域が大切にしてきた「ケア・関心・結びつき」の価値を社会全体＝公共領域に拡大することでもある。

それぞれに対応する市民性教育のモデル

　ここまでシティズンシップの理解としてリベラル型、シヴィック・リパブリカン型、差異型を見てきたが、それぞれにおいて優勢な市民性教育は、具体的にはどのようなものになるのだろうか。

　まずリベラル型では、法の下に平等である諸個人の権利と義務の体系について知り、その権利を行使し、義務を果たす能力の育成がめざされるだろう。わが国においては「公民科」がそれを担ってきたように思われる。

　シヴィック・リパブリカン型においては、義務を強調すると「社会の構成員としての規範意識や、他人を思いやる心など豊かな人間性」、「社会のルールや自ら考え行動する力」の育成をめざす 2002 年 7 月の中教審答申「青少年の奉仕活動・体験活動の推進方策等について」と親和的なものになる。それは、社会への参加を重視した道徳教育の一種といえるだろう。

　一方でこれを権利から読み解く際には、コミュニティにおける市民活動や社会生活に積極的に参加する知識や能力の育成が求められる。市民生活に参加するために求められるものとして組織のマネージメント能力、他者とうまくつきあう能力、情報処理能力といったものが挙げられる。

　差異化されたシティズンシップにおいては、アイデンティティ集団を所与とする場合は、多様性の重視と相互理解が求められるので、「みんななかよく」「互いの違いを尊重しあう」の「多文化共生」教育が行われるだろう。また「差別の現実に学ぶ」部落問題学習や人権教育もここに位置づけることができよう。

　アイデンティティ集団を所与とせず、交渉によって形成されるものとする場合には、社会問題にコミットすることで自他のアイデンティティが再編成される。いずれの場合も、自他のアイデンティティ形成に焦点が当てられるだろう。

3. 市民性教育の言説の多様性とその背景

　では、もう少し具体的に、市民性教育が求められる背景を現実の動きに合

わせてみてみよう。すでに述べたように、シティズンシップ教育と一言で言っても、その意味するところは多様である。まずは今日シティズンシップ教育がどのように語られ、実践されているのか、そしてその背景を考えてみたい。ここでは主に日本の状況を念頭においている。

若者バッシングの市民性教育

　第一に、若者のモラルの低下や社会への無関心を危惧する言説である。今日ではいわゆる「個人主義」的な風潮が強まり、個々人がお互いに関心を失い、私事にのみ関心を持ち、私たちに共通の問題に無関心になってきているといわれる。思いやりがなく、自分さえよければそれでいいという若者が増えているというのである。自分の「人権」ばかりを主張して、他人の「人権」に目がいかないだとか、生活の私事化が広まり、より広い社会のことに無関心な者が多くなってきているといったことが主張される。このことは、しばしば青少年の「犯罪率の上昇」や「凶悪犯罪の低年齢化」、コミュニケーション能力や規範意識の「低下」という（事実誤認の）議論と絡めて語られもする。

　この立場が若者に求めるものには、電車で高齢者に席を譲るといったものから、選挙で投票に行ったりボランティア活動に参加するといったものまで含まれるが、個人の規範意識や道徳性を問題にしており、青少年をしつけ、矯正することで、社会に対して「責任ある大人」に育てあげようとする。端的にこの立場の関心は、青少年の「心」の「健全」育成にあると言うことができるだろう。

社会的包摂を志向する市民性教育

　第二に、「排除される若者」という言説がある。それは今日の青少年が、社会から構造的に排除され、不十分なシティズンシップ（成員資格）しか有していないことを危惧する。1990年代以降、フリーターやニートと呼ばれる若年層、さらに、人との関係が築けずに社会生活から撤退する「ひきこもり」の増大が社会問題になっている。

先に見た「若者バッシング」では、こうした問題は、個人の意識に還元されるであろうが、ここでは若者の自立＝「大人になること」を妨げる社会構造的な要因に注目がいく。構造的な不況と終身雇用制の崩壊、「福祉国家」から「小さな国家」への政策転換等、若者が定職に就き、結婚し、親元を離れる、子どもを生み・育てるということがかつてよりも難しくなってきている。若者が社会と関わり、大人としての権利と義務を果たすことはますます先送りされている。かれらは社会参加の機会（能力）を奪われ孤立しているのである（ジョーンズ＆ウォレス，訳書，1996および宮本，2002）。

この立場では、若者に対して十全に社会に参加する機会を提供したり、参加することができるようになるための知識や能力をつけさせるような支援策が必要とされる。その知識や能力は、単に職業教育やコミュニケーション・トレーニングをさすのではなく、広く社会に参加するためのツールである。したがって、そこには社会参加と人権を保障するものとしての政治や法律、人権に関する知識が含まれる。

注目される動きの一つが、NPO法人 rights などによる18歳成人と選挙権をめざす運動および、若者に政治的なリテラシーを身に付けさせようという活動である（高橋ほか，2008）。比較的若い世代によるこの活動は、公共の問題に無関心な若者という批判から生まれたのではなく、少子高齢化による世代間格差により、若者よりも高齢者の意見が政治に反映されやすいという現状認識から、若者の意見を反映させた社会づくりを選挙権の行使を通じて行おうとしたものである。

それによって若者のエンパワメントが介図される。エンパワメントは「差別や抑圧、あるいは社会の否定的なまなざしにさらされることによって、本来もっている力をそのまま出すことができず、いわば力を奪われた状態にある人が、その抑圧された力を生き生きと発揮することで、能動的に自己実現や社会参加に向かっていくプロセス」（部落解放・人権研究所，2000）をいう。つまり抑圧してくる社会状況に適応する力をつけるだけでなく、それに対して連帯して私たちが本来持っている力を発揮できる社会状況に変革していくことである。したがって社会的包摂を志向する市民性教育では、〈適応〉

と〈変革〉[1]の2つの視点が、必要となってくるのである。またこうしたまなざしでは、特に社会経済文化的に困難を抱えた層の若者への注目がなされる（部落解放・人権研究所，2005）。なぜなら構造的な不平等の不利益を最もこうむるのがかれらであるからだ。

参加型の市民性教育

　第三に、「参加」を強調するタイプの言説がある。かつて「公」は「お上」＝為政者であり、福祉国家においては、行政をさした。福祉国家に生きる私たちは、帰属集団や古いしきたりから解放され、「公」を行政に任せ、個人的に自由を享受することが是とされていた。それに対して今求められているのは、積極的に「公共」を担う市民である（山脇，2008）。

　このタイプの言説は、いわゆる「保守」、国家の立場から語られるものと、リベラルな「市民活動」を推進してきた人たちの立場から語られるものに分けることができる。前者は、しばしば前述した「若者バッシング」の論調と合流する。例えば2002年7月の中教審答申「青少年の奉仕活動・体験活動の推進方策等について」は、奉仕活動・体験活動を通じて青少年が社会にコミットすることを提言している。そこでは若者を「社会の形成者」に育成するために身につけさせることとして、「社会の構成員としての規範意識や、他人を思いやる心など豊かな人間性」、「社会のルールや自ら考え行動する力」が挙げられている。こうした文科省の立場と親和的で、それを体現しようとしているものとして、後の章で紹介する品川区の小中一貫校における「市民」科を挙げることができるが、そこで強調されるのもまさに「規範意識や道徳性、社会的マナー」（若月，2005）である。社会に〈適応〉し、〈貢献〉する市民像である。

　後者は、ボランティア教育やNPO活動を推進してきた論者や実践家が、自立した個人が社会のことを考え、新しい価値を生み出し、新しい社会を担

1）本田（2009）のいう「〈適応〉と〈抵抗〉」を念頭に置いているが、本稿の文脈に即して〈抵抗〉を〈変革〉に置き換えている。紙幅の都合により詳述できないが、〈抵抗〉は〈変革〉の一歩手前の段階ではないかと考えている。

い、創っていくことをめざす動きである（長沼，2003、佐藤，2001、興梠，2003）。ここで留意が必要なのは、ボランティアという人々の善意やコミュニティへの参加が、新自由主義的な風潮と親和的であり、これまで福祉国家が行ってきたことの肩代わりにすぎないといった批判についてである（渋谷，2003）。すなわち公的な問題として扱われるべきことが、私的なネットワーク（ボランティア）によって対処療法的に解決される（もしくは、そうしてネットワークに恵まれず、放置される）ことへの批判である。こうした場合、参加は〈貢献〉というよりむしろ〈自己実現〉と捉えることが的確かもしれない。これに対し、例えば小玉（2003）は、ボランティア学習（サービス・ラーニング）を脱政治的であると批判し、公共的な問題にコミットし、その解決を図る米国のパブリックワークを紹介・提唱する。そうすることで、個々人の私的な困難を社会問題化し、集団的な解決を図るという〈変革〉志向の取り組みになる。また社会科に参加を接合しようとする唐木（2008）は、サービス・ラーニングを必ずしも体制維持的とはとらえておらず、〈変革〉に開かれたものとしてとらえている。サービス・ラーニングについては、章を改めて論じたい。

学校教育の活性化

　また参加という方法により、理科や社会科等の教科教育を活性化させようとする言説もある（水山，2008）。それは、学習課題が極めて学校的課題と化していること、すなわち生徒たちがそこで学ぶ知識が、学校内でのみ通用するものになり、生活世界との関係が絶たれている状況を改善しようとするものである。抽象的で脱文脈的な（ゆえに応用可能だと信じられている）知識・技能の習得に特化し、学校外の実生活から切り離された学校教育への反省から、実生活とつながりがあり、子どもたちが興味関心を持って主体的に学ぶ学習が求められている。そこで、市民性教育が、その手法として用いられようとしている。後の章で紹介するお茶の水女子大学附属小学校の「市民」科は、社会科を時事問題を巡る子どもたちの議論によって活性化させようとしているし、「よのなか科」も社会科を中心にしながら学校学習を学校

外の世界と結びつけようとしている。理科教育を活性化するものとして、水質調査を行ったりする取り組みなどもここに含まれるだろう。先に見たボランティア学習なども、この文脈から理解することもできる。

ケアの市民性教育

　第五に、家庭科教育の立場からの主張にふれておきたい。そこでは、家庭科教育は「生活する私」と「市民である私」が重なり合うことを明確に意識化するものであり、市民性は、「家族や家庭生活などの親密圏と密接に関係しながら発揮される」とされている（日本家庭科教育学会，2007）。「家庭科では、暮らしと命を守る基礎的な知識やスキルが育まれてきた」。後期近代を迎え、「身近な生活にも高度で複雑な知識とスキルが要求されることが明確になった。そして、暮らしといのちを守るためには、単なる衣・食・住の知識とスキルではなく、自分の生活を他者や社会とのつながりでとらえ、他者や社会に働きかけることが必要不可欠であると知ったのである」（望月・佐々木，2011）。家庭の問題は、より広く社会に関わることで解決の道が探られるのである。このことは、これまで公共的な議論から排除されてきた「私的」な問題を取り上げること、「ケア」をシティズンシップの一つとして認める点で特筆されるだろう。

人権教育に基盤を置いた市民性教育

　最後に、本書の基盤でもある人権教育の立場を概観しておく。一言で人権教育といっても市民性教育同様さまざまであろうが、ここでは、一人ひとりの人権が尊重される社会を担う（創る）人間の育成としてとらえよう。したがって人権教育の観点からは、一人ひとりの多様な生き方が平等に尊重される「民主主義社会」の担い手の育成が、市民性教育として求められる（バンクスほか，訳書，2006）。そこにはマイノリティの声に耳を傾け、連帯する契機が含まれている。池田（2005）は、人々が利己的な個人主義に陥ることなく、みなに共通の善きものを追求するために協働することを論じ、市民性教育を「社会的な障壁を永続させるのではなく、それらを矯正し変革する過

程に参加する人間を育てること」として理解する。共通の善きものは異なる他者との対話から生み出される。公共の問題へ関心を持ち、〈変革〉へコミットしていく者たちの育成である[2]。

　リベラリズムの立場から道徳を定位しようとする河野（2011）の論考は、筆者の考える人権教育に基盤をおいた市民性教育に非常に近いように思う。河野は、「民主主義社会を維持、発展させるために必要となるシチズンシップ」として、「これまで周辺的であったニーズを持つ人びとを討論へと誘う共感的態度を有すること、そして、そのニーズが不平等・不公正な形でないがしろにされていた場合には、社会システムの方こそを変革する態度が求められる」と述べる。そして「共同体の無前提な肯定や既存の社会への帰属といった意味」あいを含意しがちな「シチズンシップ教育」に代えて、「主権者教育」という言葉を用いたいとしている。主権者というと私たち一人ひとりの権利を守るところに焦点が当たると思いがちだが、河野はむしろ主権者の道徳的義務を強調する。すなわち、「これまで公共の場で己の真剣なニーズを語る機会を与えられてこなかった人々を議論の場へと迎え入れ、その人たちに語らしめ、そこに、平等性と公平性に関する社会的な不備を聞き取ったならば、主権者としての権限を用いて社会改良を試みる。これが主権者の道徳的義務であろう」と述べるのである。

　人権教育とはなにかを考える際に有用なものに、「人権教育の4側面」がある。この人権教育の4側面は、「人権教育のための国連10年」（1995～2004年）の取り組みが全国で行われる中で次第に広がっていった考え方で、1) 人権としての教育（education as human rights）、2) 人権についての教育（education about human rights）、3) 人権が大切にされた教育（education in or through human rights）、4) 人権をめざす教育（education for human rights）の4つから成る（第5章参照）。

　また、人権教育の研究者・実践者から、「多様性教育」という考え方が提

---

2) 本稿では触れられないが、世界市民を想定するシティズンシップ教育（中村，2008）や開発教育・持続可能な社会のための教育（田中，2008）も人権教育に基盤をおいたものと理解することができるだろう。

案されている（大阪多様性教育ネットワーク，2013）。多様性教育は、米国の差別撤廃の学習カリキュラムに依拠しながら、自己・他者の多様性を理解し、認め合っていくものである。自らが身につけた偏見や、差別、抑圧を「脱学習」（unlearn）していくことをめざしている。多様性教育の編成原理は次のようなものである。

①自分の生きる価値を実感する（自尊感情の形成）
②いろいろな違いを自覚し尊重しあう
③「差別につながりやすい違い」を認識する
④差別の歴史的・社会的背景を学ぶ
⑤自分の経験に照らしつつ共通概念を習得する（自尊感情・自己開示・ステレオタイプ・偏見・スケープゴート・ホットボタン・権力関係・悪循環・平等・特権など）
⑥身の回りで起こった差別的言動に対する行動力を育む
⑦社会で働きかけるための集団的・組織的な行動力を育成する。

　人権教育の4側面も多様性教育もともに、自己と他者の関係をいかにより広い社会の文脈につないで学習しようかというところに焦点があてられている。詳細は後の章に述べるが、子どもたち一人ひとりが社会を生き抜くために、「適応」し、仲間と「つながり」、さらには、社会そのものを多様な立場の人が生きて行きやすいように「変革」していくための力をつけることが、人権教育のめざすところである。
　ここまで見てきた市民性教育の諸言説のそれぞれは、相反するものもあるが、重なり合う部分も多い。たとえば、人権教育に基盤をおいた市民性教育は、若者バッシングとは対立するが、他の諸言説とは大いに重なり合う部分がある。強調点の違いから上のような整理を試みたと考えてほしい。次章では市民性教育の典型事例をとりあげ、理解を深めていきたい。

第3章　市民性教育の諸実践

本章では、国内の市民性教育の実践から特徴的なものを選び紹介するとともに、どのような志向性を有しているのか検討を加える。取り上げるのは、東京都品川区の小中一貫校の「市民」、お茶の水女子大学附属小学校の「市民」、「よのなか科」である。いずれもよく知られた取り組みで著作も多いこと、また学校全体で取り組まれていることから、市民性教育実践の代表例として選択した。また、後に述べる人権教育を基盤にした市民性教育の実践の特徴を映し出す鏡として適切だと思われることも、選択理由の一つである。

1. 品川区「市民」―「実学」としての道徳で市民性を育む

品川区では、2006年、小中一貫校が設置され、その「目玉」として新教科「市民」が創設された（若月, 2009）。市民科は、「9年間を通して市民としての公共精神や道徳性、社会に対して主体的にかかわることができる基礎的な資質・能力を身につけながら、自らの人生観を確立もてるようにするなど、教養豊かで品格のある人間を育てること」（若月ほか, 2008）をねらいとしている。市民科は、従来の「道徳」「特別活動」「総合的な学習の時間」を統合した学習領域で、1～4年生では年間70時間以上、5年生以上では年間105時間が設定されている。

市民科立ち上げの背景には、「公共心が希薄である」「地域活動を担う若者が少ない」「子どもの学習意欲が低下している」といった子どもたちへの現状認識がある。そしてそれを克服するために、「市民」を「社会の形成者」と捉え、「社会の構成員としての役割を遂行できる資質・能力とともに、確固たる自分をもち、自らを社会的に有意な存在として意識しながら生きていける『市民性』を育てる学習を、小中一貫教育の中で構想することにした」

(若月ほか，2008）という。

　市民科教師用の指導書の冒頭には、教師にむけた次のようなメッセージが掲げられている。

> 実社会の現実を　教えてください。
> 他者・集団・社会と自分との望ましい関係を　教えてください。
> 正しく判断する座標軸を　教えてください。
> 意思決定に対する責任を　教えてください。
> 考えるモノサシを　教えてください。
> 自分を振り返る意味を　教えてください。
> 自分しか自分を鍛え、育てられないことを　教えてください。
> 人として学び続ける意義を　教えてください。
> 子どもが生きていくことができる最低限度必要な実学を　教えてください。

　ここには、社会を生きていくための「実学」としての道徳教育を教えることが示されている。そして、子どもの自主性に任せるのではなく、教師がしっかり善悪の区別を教えることが表明されている。大人が責任を持って、社会のルールを子どもに教え、それを使えるようにするということである。

　単元構成は、すべてステップ1から5という段階が設定されており（表1）、そのなかには、スキルトレーニングが組み込まれている。その背景には「生活経験や社会体験の少ない子どもに、道徳的価値・判断基準を問うこと」は誤りであり、「道徳性、人間としての美徳は、訓練と実践と習慣において獲得されるものである」という認識がある。道徳的価値や規範・規律を教え込み、それを実生活で活用できるようにトレーニングするというのである。

第3章　市民性教育の諸実践

表1　単元構成の5ステップ

ステップ1（課題設定・行動様式）	日常生活に起こりうる場面を設定し、問題意識を持つ。個人の価値観や認識によって考え方や行動が様々であることを知る。
ステップ2（価値づけ）	生活の様々な状況に応じて、どのように捉え、考え、行動することが道義的・社会的に望ましいかを理解する。
ステップ3（スキルトレーニング）	正しい考え方に基づいた言い方や関わり方など基本的な行動様式を15の能力にしたがって確実に身につける。
ステップ4（実践）	学んだことを学校、家庭生活や地域で実践し、その価値や意義について実感する。
ステップ5（評価）	自分なりの考えをまとめたり、発表したりしながら、家庭、学校、地域社会での生活に生かしていく。

若月（2009）をもとに、筆者が簡略化

　また、学習領域を5つに分け、それぞれの領域に身につけさせたい3つの「能力」を設定している（表2）。「個にかかわること」「個と集団・社会をつなぐこと」「社会にかかわること」という学習指導要領「道徳編」を想起させる学習対象に整理された15の能力がスキルトレーニングを通じて獲得される。そして、それを実生活で実践し、自分のものとするのである。

表2　5つの領域・15の能力

対象	領域	能力		
個にかかわること	自己管理	自己管理	生活適応	責任遂行
個と集団・社会をつなぐこと	人間関係形成	集団適応	自他理解	コミュニケーション
	自治的活動	自治活動	道徳実践	社会的判断・行動
社会にかかわること	文化創造	文化活動	企画・表現	自己修養
	将来設計	社会的役割遂行	社会認識	将来志向

　このように、品川区の市民科は、道徳教育をスキル学習によって洗練させることで、「実学」としての道徳をめざしている。藤原（2008）のいうように、「社会科的なシティズン・リテラシーに支えられた市民的資質というよ

りは、生き方にかかわる道徳的、規範的な市民的資質やキャリア形成的な市民的資質の育成を特徴としている」のである。では、品川区「市民科」は、どのような評価をされているのだろうか。

　教育内容上の評価としては、市民科がめざす市民像は、新自由主義的な自己責任の社会を担う「自立した国民」であるという指摘がある（金子，2005）。国家権力の意のままに、国家や地域社会の形成に自立的・自発的に参画する市民の育成が企図されているというのである。また、義務や責任を強調する一方で、「『真理と平和を希求する人間の育成』という理念や21世紀に求められる政治的教養をさまざまな形態で学んでいく視点がなく、『自分自身の世界を読み取り、歴史をつづる権利』としての学習権保障の視点は欠落している」とされる。いわば社会の枠、「日本人らしさ」という枠にはめ込む面が強く、一人ひとりの生を見つめ潜在可能性を高めるという面は弱いというのである。

　品川区「市民科」の教科書分析を行った、原田（2010）は、「政治性を欠いていることこそが、品川区『市民科』の政治性である」と述べている。すなわち、市民科には「自治的領域」が設定されているが、「政治」や「民主主義」、「議会」といった言葉は一度も登場せず、しかも「政治的な論争やそれをめぐる政治的な活動といった内容が全く存在しない」。ここでいう「自治」は、異なる立場や意見の対立を調整するものではなく、もっぱらコミュニティへの参画を通した貢献を意味するというわけである。

　確かに、品川区「市民科」は、人々の多様性や差異に鈍感であることは否めない。所与の「道徳観」や「望ましい日本人像」をもとにカリキュラムが構成されているので、批判的思考や認識力を育むことも難しいし、社会の一員となるために必要な知識（政治や法律、人権）を学ぶことも少ない。ただし、藤原（2008）も指摘するように、品川区の小中一貫校には、市民科と別に「社会科」が存在し、「情報収集や思考場面においては他の人とのかかわりを重視しつつも、最終的には他の人の助力や干渉を極力排除し、社会改善に向けて一人ひとりが判断や意思決定を行い、自らの行動や生き方を考えていく学習」として「問題解決的な学習」を学習の柱にすえている。社会科と

市民科が連動して市民的資質を育むと考えれば、上で指摘したような「批判」は和らぐかもしれない。とは言え、品川区市民科がめざすものが所与の日本社会への同化・適応であり、自ら望んで地域社会に貢献する「市民」の育成であり、また当事者からすればそれが目的であるのだから批判されるいわれはないということに変わりはない。多元的な価値が交差する現代社会において、人々の多様性よりも共通性を重視するのが品川区「市民科」である。この共通性は社会を担う若者の育成において大切なものだと思う。ただし、その共通性が多様な人々の生を豊かにし、人々をつなげる限りにおいて、という重大な留保をつけてのことではあるが。そのためには、共通性は所与のものとして教師から与えられるのではなく、子どもたちが地域住民をはじめとした様々な大人やクラスメイトと関わるなかで育まれていくべきであろう。

また、品川区「市民科」は、道徳教育を中心にしながら、従来の「道徳」「特別活動」「総合的な学習の時間」を再編成したものである。そう考えると、「修身といった説教臭さはなく、社会に生きていくためのスキルを学ばせようという意図がわかる」（水木, 2006）という評価も出てくる。「市民科」は「実学」であり、実生活で生きて働く力を養うプログラムである」というコンセプトと、「道徳性、人間としての美徳は、訓練と実践と習慣において獲得するものである」という確信により、学校や家庭、地域社会での生活の中で学んだことを実践・活用する「何度も繰り返す反復学習」としての「スキル学習」が編み出された。

現代社会では、対人関係のスキルが、社会を生きていくうえで重要さを増してきている。人と関係が作れなくて悩む若者は少なくない。社会的包摂の観点からすれば、品川区「市民」の実学志向は、社会を生きていくための「鎧」と考えることもできるだろう。市民科で身につけたスキルによって、コミュニケーションに悩む子どもたちの「生きにくさ」が緩和されるのであれば、見習うべきところは少なくないだろう。

ソーシャルスキル学習については、また後に人権教育と結びついた「人間関係学科」にとりくむ松原第七中学校を紹介する際に戻ってきたい。

2. お茶の水女子大学附属小学校 ― 情を排除したクールな学習共同体

　お茶の水女子大学附属小学校は、東京都文京区にある児童数約 750 名の中規模校である。国立の附属小学校ということで、相対的に教育熱心な保護者を持つ子どもたちが集まる学校である。またいわゆる校区がないため、「地域」がないと同校教師が認識している点も注目に値するところではある。同校では、2002 年度より、社会科をもとに設置された「市民」科において、シティズンシップ教育の取り組みを進めており、日本のシティズンシップ教育実践の代表例としてしばしば紹介されている。また 2009 年度からは、全校全教科で「『公共性』を育む『シティズンシップ教育』―友だちと自分の違いを排除せずに理解し考える力を発揮する―」（～2010 年度）に取り組み、現在はそれに引き続いて「交響して学ぶ子を育てる―異質性が行き交うシティズンシップ教育―」（2011～2013 年度）に取り組んでいる。「交響して学ぶ」とは、「異質な他者との出会いで、自分を問いなおし、新たな『私』を生み出すとともに、共感や批判などを繰り返しながら、"私たち"という仲間を育て、さらに新たな"他者"とかかわりを創り出し」ていき、「より多様な人々と呼応して、ともに社会（コミュニティー）を生み出していくこと」だという（お茶の水女子大学附属小学校ほか，2014）。市民科を核としながらも、学校教育全体でもシティズンシップ教育に取り組んでいるわけである。

　お茶の水女子大学附属小学校が構想する「シティズンシップ教育」は、「本校で定義する『公共性』を育むことである。『公共性』とは、教師が、民主主義に基づく社会生活をつくる資質・能力を育てる視点を持ち、友だちと自分の違いを排除せずに、理解し考える力を発揮する子どもを育てること」であり、「公共のマナー・ルールを守るだけでなくて、『豊かな知識や判断力、批判的精神』を持つこと」がめざされている（お茶の水女子大学附属小学校ほか，2010）。そのために、市民科では、事実をもとに「社会的価値判断力」や「意思決定力」を育むことがめざされている。授業時数は、3 年生

以上の年間 105 時間である。

　市民科では、イングランドのクリックレポートの3つの構成要素（第1章参照）のうち「社会的・道徳的責任」（Social and moral responsibility）、「共同体への参加」（community involvement）をそれぞれ、「規範意識」（道徳教育）、「公共の精神」（ボランティア活動）であるとし、3つめの「政治的リテラシー」（political literacy）こそを特に追求するとしている。その「政治的リテラシー」とは、「子どもたちが主権者となったときに、一人でも多くの人々が幸せに生きていけるような、よりよい社会を築いていくための公正な判断力」である（お茶の水女子大学附属小学校ほか, 2014）。

　学校教育全体を通して、シティズンシップ教育に取り組む同校であるが、その中心にあるのは、社会科の内容・方法を組み替えて創設された市民科である。市民科は、内容としては、『小学校学習指導要領』とほぼ共通であるが、時事問題を取り上げている点が異なるとされる（岡田, 2011）。

　典型的な授業展開としては、ある社会問題に対して、個々の児童が調べ学習を行う→調べたものをもとにクラスで議論する→友だちとの意見の違いを排除せずに自分の意見を深めていく、という流れである。場合によってクラスでの議論から何らかの共同の意思決定がされ、ボランティアなど社会貢献活動につながることもあるが、こうしたアクティブ・シティズンシップ的な面はあえて重視しておらず、教室でいかに質の高い議論が構成されるかを最も大切にしているという[3]。そのため、自分の意見には、「根拠」をもって発表することが求められるし、クラスメイトの意見に同意や反論するにも「根拠」を持つことが求められる。意見の一致は必ずしも求められず、子どもたち一人ひとりが、クラスメイトの意見をもとに自分の意見を深めていくことが大切にされている。教師が唯一の「正解」を用意して、そこに導くといったことはない。

　また、研究を進めるなかで、「社会を見る3つの目」を授業に導入している。3つの目とは、次のとおりである。

---

[3] 附属小の市民科に対する批判はあまり論じられていないが、アクティブなシティズンシップを重視していない点に物足りなさを指摘する意見はある（水山, 2008）

> ア 社会には、一個人の工夫や努力で、できることと、できないことがあること。
> イ 自分の利益と、他者やみんなの利益は、必ずしも一致しないこと。
> ウ だから、世の中には、広い視野から社会を調整するしくみが必要であるとともに、それらしくみに対して関心をもち、自ら働きかけようとする意識を持つことが必要であること。

　しばしば社会科や総合的な学習の時間では、「一人ひとりにできることを考えてみましょう」という授業の「締め」が行われる。たとえば、ごみの学習では、分別収集をしようだとか、空き缶のリサイクルをしようとかいう話になる。それはそれでいいのだが、一人ひとりにできないことがあったらどうするのか、また利害が対立する場合にはどうするのかといったことを考えるために、この「3つの目」を活用しているという。立場が違えば求める利益も異なるし、問題解決には個人の工夫や努力を超えた社会のしくみが必要であることを学ぶなかで、子どもたちは社会とのかかわり方には多様なアプローチがあることを知るのである。
　具体的な例として「東京のごみ減量大作戦」（4年生）の実践報告を取り上げよう（佐藤，2010）。

> 東京はあと40年で埋立地がなくなってしまう。東京をごみの山から救うにはどうすればいいのだろう。自分の考えを根拠を明らかにして提案しよう。

① 「自分の生活を振り返ってできることを考えてみよう」→「世の中には一人ひとりの工夫や努力でできることがある」ことを捉える。
　＊しかし、現実にはごみはなかなか減らない。
② 「リサイクル率は低い」「自分だけが減量化の努力をしても他の人がしな

ければ無理」「買い物袋有料化はスーパーの売上げに悪影響を与える」→「世の中には一人ひとりの工夫や努力でできないことがある」
③教員がドイツや水俣市の取り組み例を紹介する。
④夏休みに、ごみ減量体験やごみ減量対策の調べ学習を行う。
⑤「東京をごみの山から救うにはどうすればよいのだろう。体験したことや調べたことをもとに考え、提案しよう」→子どもたちから様々な提案がされる。
⑥「だから、世の中には広い視野から社会を調整する仕組みが必要である。とともに、一人ひとりの個人の工夫や努力が必要である」ことを捉える。

　ごみ問題を通じて、身のまわりの問題は社会の問題とつながっていること、その解決には一人ひとり努力だけでなく様々なアプローチが必要なこと、様々な利害関係があることなどを学んでいくのである。他にも、「賞味期限とかしこい消費者」（4年生）、「日本の食料自給率を高める工夫を考えよう」（5年生）といったテーマが取り上げられている。子どもたちが身近に感じることができ、しかも論争的であろう題材を活用して、子どもたちの活発な議論を中心に授業が構成されている。
　子どもたち一人ひとりが調べてきたこと＝事実をもとに議論を展開する。毎年行われている公開研究会では、他の児童の発言を聞き、それを取り込んだり、反駁したりすることで自らの意見を精緻化していく児童たちの姿がしばしば見受けられた。意見の一致は必ずしも求められず、一人ひとりが他者との意見交換（競い合い）を通じて自身の意見を高めていくさまは、アーレントばりの闘技民主主義を想起させるものである[4]。そこには、純粋に知的な関心から結びついた学習共同体が形成されており、例えば「（仲のいい）○○ちゃんの意見だから賛成」といった「私情」＝情的なつながりは存在しない。それぞれが「自分の頭」で考え、判断している。その際に「他者との違いを排除せずに」、葛藤を通じながら「社会的価値判断」や「意思決定」

4）同校の重要な指導助言者の一人がアーレント研究で知られる小玉重夫氏であることは無関係でないと思われる。

を行っていくことで授業が展開されている。

　附属小の「市民」では、非常に高度な知的議論が展開されており、他者の意見を踏まえて自分の意見を豊かにする力や、事実をもとに価値判断・意思決定を行う力が子どもたちについていることが期待できる。附属小ではあえて「他者」の「思い」を重視していないという。なぜなら「思い」や共感は、「みんな仲良くしましょう」「私もがんばろうと思います」といった「道徳主義」的で、知的議論を妨げるものであるからだと。自己や他者の「思い」を排除し〈参画〉を前提にしないことで「～するべき」といった教条主義から逃れ、教室という公共空間での自由な議論を担保しようとしている。同小が、「社会を見る3つの目」を授業で活用していることも、事実をもとに議論を進めるための手がかりとみることができるだろう。

　ただし、その一方で徹底した「私情」の排除が議論を地に足が着かない「空中戦」にしている面も否定できない。私たちはみな特定の社会文化的背景の下に生まれ、様々な人と出会い生きていくなかで、それぞれの「立場」を保持している。社会的価値判断や意思決定は、その立場＝これまでの自分の生活で培われた「思い」（や「偏見」）をもとに行われるものであろう。事実のみをもとに価値判断を行うということは、単に知っているか知っていないかの問題に還元される。附属小の教員は、価値観の多様化する社会で生きていくために資質を育てたいという問題意識を持っているが、実際に教室で起きているのは価値観のぶつかりあいというよりは、（事実の多寡に縛られた）より「合理的」な解決方法の探究である。例えば、議論が「日本の自給率を高めるにはどうしたらよいか」という議論であれば、自給率を高めるためのよりよい解決方法が探究されるのであり、そのよりどころは「事実」であり、子どもたちの「立場」や価値観ではない。さらには、農業を営む農家の人や、安全な食を願う私たち一人ひとりの「思い」でもない。アーレントは、新たなドクサ（意見）が入ればそれだけ公共空間が豊かになると述べ、私たち一人ひとりが唯一性を持って迎えられる場所を「あらわれの空間」と呼んでいた（訳書，1994）。

世界から身を退くことは個人には害になるとは限りません。…しかし一人撤退するごとに、世界にとっては、ほとんどこれだと証明できるほどの損失が生じます。失われるものとは、この個人とその同輩者との間に形成されえたはずの、特定の、通常は代替不可能な〈間〉in-between なのです。

　自らの行為や意見に基づいて判断されるような枠組みの中に生きることへの権利が「唯一の権利」である。「何か」（what）［社会的な属性］ではなく「誰か」（who）として処遇される空間。「何か」は個人の唯一性（私が私であること、私の存在意義）を消し去ってしまう。

　はたして附属小の市民科は、アーレントのいう唯一性が生じるような授業の構造だろうか。たしかに「承認」は、子どもたち同士のなかで行われようとはしている。「友だちと自分の違いを排除せずに、理解し考える力を発揮する子どもを育てること」という教育目標にも、それは表されている。しかし、附属小の市民科は社会科をもとに設計されており、「事実をもとに」することを徹底させ、「思い」を封印し、純粋に知的なつながりを求めるものである。その帰結として、クラスのなかの子どもたちの「違い」＝他者性は、知識量の多寡に還元されている。そこでは、自分の「立場」は問われない（問うてはいけない）し、自分と立場の違う「他者」は存在しない。
　さらに、同年代の比較的裕福で教育熱心な家庭の子どもたちが集まるクラスメイトのなかに差異を見出すことは、彼らが出会っていない教室外の様々な人々との差異から比べればあまりに小さなものである。ここにあるのは教室に閉じられた学習共同体であり、多様な他者の「声」をきく契機を欠いている。「附属小には地域がない」と、同校の教師が明言していることもそれを助長している。
　もちろん、一見同じに見えるクラスメイトのなかに差異を見い出すことこそ、「みんな同じ」の暴力性から逃れ、他者を他者として承認する公共空間を生み出すのだということもできる。ただし、その場合でも、知識量の多寡に還元されえない違いが子どもたちの間に見い出されなければならないだろう。

他者の思いに出会い、それを受け止めたり、自分の生活を振り返り、自分の「立場」を考えたりする契機がないので、例えば「食糧自給率を高めること」や「ごみ処理問題」といった学習は、どのようにすればうまく解決できるかという方法論の問題になる。そもそも、なぜ食糧自給率を高めることが必要なのか問われることはない。課題は、自らの「生」と切り離された「他人事」として「知的」に処理される。「公共」の問題を「私情」を抜きにして議論することによって、あるはずの対立や葛藤は回避されている。附属小の市民科では、様々な価値観や思いをもっている人々の「生」に触れないかたちで、公的な問題解決を図る学習活動が展開されている。

3. よのなか科―「成熟社会」を生きる知恵とスキルを育む

東京都の杉並区の区立和田中学校で始まった「よのなか科」は、お茶の水女子大学附属小学校の実践と似た面を有している。すなわち、価値観が多様化する現代社会において、ただ一つの「正解」を教師から教わるのではなく、生徒たちが探究的な学習活動を通して「納得解」を導き出すという授業の位置づけである。また、よのなか科は、その名に表れているように、学校外の現実社会の現象を取り上げ、学校学習を社会とかかわりがある形で学ばせようという指向が非常に強いことでも、特筆することができるだろう。授業には、しばしば現実社会で働く「プロフェッショナル」が登場し、子どもたちの興味・関心、想像力を高めるのに一役買っている（藤原・宮台, 2005）。

よのなか科でも特によく知られた学習の一つに、「ハンバーガーショップ屋さんの店長になってみよう！」がある。次のような4つの課題を含んだワークシートが紹介されている（藤原, 2010）。

第 3 章　市民性教育の諸実践

> 1. 個人 ハンバーガー店を右の地図の範囲内に新しく出店しようと思います。「すずかけ台駅」や「つくし野駅」の駅前周辺はすでに土地がなく、出店は駅からはなれた場所でなければなりません。あなたならどこに出店しますか。右の地図中に印をつけてみよう。
> 2. グループ 班のメンバーはどこに出店をしましたか。班員が選んだ場所の良い面と悪い面を、それぞれの班で検討・分析をしてまとめてみよう。
> 3. ＿＿線＿＿駅前にハンバーガー店があります。あなたがハンバーガー店の店長になってこの店の1日の売り上げを計算してみよう。
>   (1) ＿＿駅の1日の乗降客はどれくらいだろう？
>   (2) 100人の通行に対して、何人くらいのお客様がお店に入るだろう？
>   (3) お客様1人で使用する金額はどれくらいになるだろう？
>   (4) このお店の1日の売り上げはどれくらいになるだろう？
> 4. この授業でどんなことが身についたと思いますか？授業の感想も書いてみよう。

　ハンバーガー店をどこに出店したら高利益を上げることができるかという、現実社会の問題を提示し、生徒たちの授業へのかかわりを高める。生徒たちは、教師から正解を教わるのではなく、自分なりの考えを経験や知識から生み出す。それぞれの考えが、グループ活動によりまとめられ、知恵を結集して、よりよい出店場所が決定される。最後に「プロ」の視点からの「正解」が紹介されるが、その「正解」はそれほど重要ではなく、授業で最も大切にされているのは、生徒たちの思考のプロセスと論理的に考えたことを相手に伝えることである。また学習を通じて副次的に出店には、「集客率と稼働率」が大切で「稼働率、夜間人口、昼間人口、乗降客数、通行量」などが考慮されるという「社会のしくみ」を学ぶことになる。
　ワークシートの3では、計算問題を紙上のものではなく、具体的な社会の文脈に載せた問題へとする工夫がされている。非常にシンプルで基礎的な問

題ではあるが、「現実社会で役立つ」計算が意識されている。

 これに続く学習は、ハンバーガー1個をつくるのにはどんな費用が掛かるのかという問いにつながっていく。他にも、「子ども部屋ってホントに必要？」「市役所の予算がなかなか学校に回ってこないのはなぜ？」「裁判員に呼ばれて、少年の殺人事件を担当することになったら、何を質問すればいい？」「赤ちゃんポストって、その後どうなったのかしら。あんまり増えると逆にもっと捨て子が増えるんじゃない？」「どうしたら、イジメや差別が止まる？」「自殺が増えているのはなぜ？」「ホームレスって、どんな人たちなのかなあ？」（藤原，2010）といったテーマが組まれている。いずれも、子どもたちが知りたいと思うような課題を設定しようとしている。

 よのなか科の生みの親ともいえる藤原和博氏は、「成熟社会を生きる子どもたちに、未来を切り拓く力をつけてあげたい」として、次の3つの技術をあげている。

（1）他者と折り合っていくためのコミュニケーション技術
（2）上手に疑う知恵（クリティカル・シンキング、複眼思考）
（3）人生を生き抜くのに必須のリスクマネジメント感覚

 知識の量を増やすことよりも、ものごとを批判的に考える訓練を積ませることが重視されている。正解を教師から教えてもらうではなく、情報を集め分析し、自分なりの「納得解」を導き出す。品川区市民科とは全く別のかたちではあるが、よのなかを生きるためのスキル（鎧）を獲得する学習である。よのなか科においては、社会を担うとか創るとかいう側面は前面に出てはこないが、多様な価値判断を求められる現代社会において、個人として生き抜く力を子どもたちにつけさせようとする学習、これもまた市民性教育の一つのかたちであろう。

 よのなか科の実践は、藤原氏が大阪府教育委員会の「顧問」に就任したこともあり、大阪府下の高校に「移植」され、実践された。よのなか科が、大阪の人権教育の文脈に載せられた時、どんな異化を起こしたのかについて

は、後の章で見ていきたいと思う。

まとめ

　本章では、3つの実践事例を概観してきた。品川区の市民科は、道徳教育をスキル学習によって洗練させることで、「実学」としての道徳をめざしている。お茶の水女子大学附属小学校の市民科では、社会科に時事問題を組み込むことで、事実をもとに「社会的価値判断力」や「意思決定力」を育むことをめざしている。両者はしばしば、徳育重視と知育重視の対立軸で語られるように思う。また品川区が「単一・共通性」を重視するのに対し、附属小では、「差異・多様性」を重視している。品川区では、子どもたちが身につけることは、予め決まっているが、附属小では学習の過程で生み出されるものである。よのなか科は、差異や多様性を重視する点で附属小に似ているが、「実学」を志向する点では、品川区と似ている。後の章では、これらの実践が、人権教育の文脈から見てどういう意味を持つのか検討していきたい。

第4章　市民性教育とサービス・ラーニング

1. はじめに

　これまでの章で見てきたように、行動的な市民性（アクティブ・シティズンシップ）を育むための教育方法として、ボランティア学習が大きな位置を占めている。それは、ボランティア学習が、地域社会に愛着をもち、地域社会に貢献し、地域社会を担う「市民」としての責任感を育むのに適しているように思われるからである。また学校で学ばれる知識やスキルが、脱文脈的で現実社会から切り離されており、学ぶ意味がわかりにくいという問題を解決してくれるように思われるからである。

　その一方で、ボランティア学習は、脱政治的で所与のコミュニティに従順な「市民」を育成するものであるという批判もある（小玉，2003）。さらには、ボランティアに参加する市民像が、政府の公的責任を自己責任や相互扶助に置き換える新自由主義と親和的であるという指摘もある（仁平，2005）。

　ボランティア学習は、今日サービス・ラーニングという概念で語られることが多くなってきている。本章では、サービス・ラーニングの諸言説・諸実践を検討していく。そして、サービス・ラーニングが社会貢献や所与の社会への同化を超えて、差異をめぐるコミュニケーションを通じて社会変革にコミットする市民を育成するという可能性を秘めていることを示していきたい。サービス・ラーニングを、社会をより民主的で公正な場所にすることのできる次世代を育てることをめざすという視点から捉えてみることが、私たちには求められている。サービス・ラーニングは、単に「生きる力」や「道徳心」を身につけること、または自己効力感を高めることだけをめざすにとどまらず、それを超えて、広くマイノリティの声に耳を傾け、連帯してより

よいコミュニティを創っていく過程に子どもたちがコミットすることをめざす方向を探らなければならない。こうしたことを、以下では確認していきたい。

2. サービス・ラーニングとは

　サービス・ラーニングは、従来の個人的で競争的な、そしてまた、受動的で静的な学校学習の閉塞感を打開するものとして、米国において1990年代に入った頃から注目されている学習である。サービス・ラーニングには様々な活動形態、内容があり、それに取り組む者の年齢も小学生から高校生、さらには大学生までを含んでおり、その特徴を一言で言い表すことは難しいが、ボランティア活動などのコミュニティ・サービス（地域社会に貢献する活動）と関連した体験を通じて学習を進めていくものである。

　サービス・ラーニングには、大きく言ってサービス（ボランティア）としての歴史と、学習としての歴史がある。サービス・ラーニングの起源は、ケネディ大統領が1961年に組織した平和部隊（Peace Corps）[5]にあると言われており、ボランティア活動の流れを引いている。トクヴィル（訳書, 1987）の言うように、自分自身とコミュニティの問題を解決するためにボランティアを組織する習慣が米国社会の生命力に決定的に重要であり、それによって個人と公共の利害が一致してきた。フロンティア精神と結びついたボランティアの心（自分たちの手で「よりよい」国をつくる）が、米国社会をその独立の時から成長させてきたのである。それはまた市民としての責任と誇り、コミュニティへの愛着の心でもある。平和部隊以降も、VISTA[6]やAMERI-CORPS[7]といった政府レベルの組織から市井の人々のボランティア活動ま

---

[5] 米国政府後援による民間ボランティア組織。発展途上国へ、工業・農業・教育・衛生事業の普及・指導を目的にボランティアを派遣する。
[6] Volunteers In Service To America「米国貧困地区奉仕活動」。貧困地域にボランティアを送り職業訓練にあたらせる計画。1964年発足。
[7] 1993年、クリントン大統領により国内版 Peace Corps として創設。多くの若きボランティアたちに数多くの地域貢献の機会を提供している。

で、日々の活動によってその伝統は引き継がれている。

　学習の歴史としては、デューイの「経験学習」（Experiential Learning）の流れを汲んでいる。デューイ（訳書，1998）は、学習における経験の重要性を指摘し、「仕事をとおして、人間は自然についての知的および情緒的な解釈を発達させてきた」のであり、「この世界のなかで、その世界と取り組んで為すことをとおして、その世界の意味を読みとり、またその世界の価値をはかる」のだと主張した。デューイは環境に働きかける「経験の連続」（訳書，2000）が学習の過程なのだと考えていた。すなわち、現在の経験の諸条件のなかに問題を見出し、その問題が解決されるべき課題となる。こうして獲得された新しい事実や新しい考えは、そのなかで新しい問題が提示されるさらなる経験にとっての基盤となるという連続する螺旋状の過程である。さらにデューイ（訳書，1998）は、「学校それ自体を社会生活の他の諸様式と関連させながら、一人ひとりの個人からなるコミュニティとしての学校それ自体を組織化」しようとした。

　また、サービス・ラーニングは、ピアジェの発達理論からの影響も受けているとされている。ピアジェは、子どもは受動的にしつけられるのではなく、環境に主体的に働きかけることで自ら発達を遂げることを主張している[8]。

　こうした歴史的流れをもつサービス・ラーニングが、1990年代に入って社会的に促進された要因としては、第一に青少年問題の解決と学校教育の改革の必要性が認識されたこと、第二に連邦政府によって1990年と1993年に制定された二つの法制定を挙げることができる。

　米国では、青少年がコミュニティや社会から切り離されて育っていること

---

8) ピアジェの理論は、学習者の主体的な対象への働きかけを強調する点においてサービス・ラーニングに影響を与えていると考えられているのだが、一方で他者の影響力を相対的に軽視している。しかし後に見るように、サービス・ラーニングでは、他者との交わりのなかで学習が進むと考えられる。このことからすると、ピアジェよりもむしろヴィゴツキーから（ゆえに同時にバフチンや活動理論から）サービス・ラーニングを読み解く方が適切であると思われる。ヴィゴツキーが最近接発達領域の概念で説明しようとしたことは、まさに異なる他者との〈交通〉によって学習が進むということであった（第7章、第8章参照）。

への危惧が高まっていた。投票率もボランティアに参加する割合も低く、またコミュニティの大人たちと青少年は互いを信用していない。コールマン（Coleman, 1972）は、すでに1970年代のはじめに、青少年が社会から孤立し、「生徒役割」に過度に縛られていることを指摘し、経験学習の必要性を主張していた。1980年代に入ってからも、政府刊行のレポートで、繰り返し青少年の問題が指摘されてきた。高校教育の改革を提案したボイヤー（訳書，1984）は、青少年にコミュニティへの帰属意識を持たせるために「奉仕体験」の実施を提案している。ただし、そこでは青少年とコミュニティとのつながりを取り戻し、コミュニティや他者への愛着を育むことがコミュニティ・サービスに取り組む第一の目的であり、必ずしも子どもたちの学習を高めるという観点は強くはなかった。

　青少年をめぐるこうした状況のなかで、サービス・ラーニングは、学校に取り入れられ、「経験学習」とのつながりを深め、問題解決のための様々なスキルや批判的な思考力を獲得することが期待されるようになった。受動的で静的な学校学習の閉塞感を打開しようとする学校改革の気運の高まりとともに、サービス・ラーニングは学習のより深い意味づけとコミュニティへの貢献の両方を可能にする強力な教育学的オルタナティブとして登場することとなったのである。

　サービス・ラーニングを促進した二つの法律とは、大ブッシュ政権時代のNational and Community Service Act（1990）とクリントン政権時代のNational and Community Service Trust Act（1993）である。前者は、教育や福祉分野を中心とした公的なサービスを洗練するためにあらゆる年代の市民の参加を促したが、その中の一つとして学校を基盤としたサービス・ラーニングが提唱され、そのための予算が組まれた。続いて後者では、コミュニティを「若き市民の才能と活力が十全に活かされ、認められる場」とするために、Corporation for National Service（CNS）が設立され、学校を基盤としたサービス・ラーニングにさらなる安定した経済的基盤が与えられた。こうした動きと学校改革の気運が結びついて、全米レベルでのサービス・ラーニングへの関心が高まってきたのである。

サービス・ラーニングは、「総合的な学習」のように、児童・生徒個々人の学習のためだけのものではなく、また「奉仕活動」のように、社会に貢献する活動を児童・生徒にさせるだけのものでもない。それは、「サービスと学習目標が同等の価値を持ち、すべての参加者にとって互いを高めあうプログラム」(Sigmon, 1994)である。「サービス・ラーニングは提供されるサービスと生起する学習の両方に同等の焦点を当てるのと同様に、サービスの提供者と受益者が等しく恩恵を受けるよう意図的にデザインされている」(Furco, 1996)。学習者は地域社会（の人々）にサービスを提供する一方で、地域社会（の人々）から学習の機会を提供されるのである。

　サービス・ラーニングの実例として、読み書きに難のある中学生たちが取り組んだ We C. A. R. E. と G. R. O. W. という二つのプログラムを紹介しよう (Jennings, 2001)。 We C. A. R. E. は、幼稚園の子どもたちに絵本を読み聞かせるという活動である。活動に参加した中学生たちは、読みを得意としていなかったが、幼稚園児への読み聞かせという現実に価値がある活動に参加するために、練習に練習を重ねた。そして読み聞かせの後にはどこがよかったか、どこがうまくいかなかったか、よりよくするには次回どうしたらいいのかをディスカッションによってふりかえった。その結果、中学生は、幼稚園児の読みの基礎づけを支援すると同時に、本人にとっては自分の読みの能力を高めるために適切な手助けとなる教材で練習でき、読みの能力を向上させることになった。

　G. R. O. W. は、近所のシニア・センターを訪問し、お年寄りたちに自身の人生の聞き取りを行い、それをまとめるというものである。生徒たちは、まずインタビューの訓練を受け、それから訪問に向かった。生徒たちはお年寄りの話し相手になると同時に、インタビューの技術や文章を書きまとめる能力を発達させた。さらに豊かな経験と知識を持っているお年寄りとの交流を通して共感し合える関係を築いた。中学生とお年寄りたちは、たがいに相手を必要としあう関係を築いていったのである。インタビューは、一冊の本にまとめられ、地方図書館や、歴史博物館、シニア・センターなどに寄贈された。この二つのプログラムを通じて、生徒たちは、読み書きの能力を向上

させると同時に、本物の役割を与えられたことによって、コミュニティへの帰属感や自尊感情の高まりをみせた。このプログラムから分かるように、生徒たちはコミュニティの現実のニーズにそった役割を引き受けることで、よりよく学習できるようになった。一方的なサービスでもなく、学習のための学習でもない。そこではサービスと学習が同時に起きているのである。

　サービス・ラーニングに取り組むなかで、学習者は支援を必要とする地域社会の人や団体にサービスを提供し、他者と交わることで自尊感情を高め、市民としての責任感を身につけることができる。それと同時に、現実に存在する地域社会の問題の解決に取り組むなかで、様々なスキルや批判的な思考力を獲得することが期待されている。サービス・ラーニングは、学習者が具体的な問題状況を抱えた他者にかかわりあい、問題状況に対して他者と協働して働きかけ、問題解決にむけて主体的に活動することを通じて進行する。読み書きの学習であっても、子どもたちに絵本を読んであげるという具体的な活動のために行われる。それはコミュニティからの具体的な要請に対する子どもたちの返答である。他者の「声」をみずからのなかに取り込み、かみくだき、みずからのものとし、他者に返答していくことの繰り返しで学習が進んでいく。コミュニティ全体からみれば、それは共同の価値、意味、記憶が蓄積されていく過程でもある。他者を含んだ環境を「協働」で、「よりよく」変化させていくことが、個人にしてみれば学習の過程なのである。

3. 愛国心とサービス・ラーニング

　サービス・ラーニングは、さまざまな立場の信奉者がいる一方、米国では1990年以降国策として普及されてきた歴史があり、連邦政府のスローガンとも非常に近いところにある。そして2001年の9月11日以降、サービス・ラーニングは、愛国心と急速な接近を見せているという（Westheimer & Kahne, 2003）。「自分の国は自分で守る」ことが、「責任あるコミュニティの一員としてのコミュニティを愛し、貢献する」ことと同列で語られ、国家への帰属・貢献が強調されている。それは、「伝統的なコミュニタリアン」が

サービス・ラーニングに求めるもので、彼らは、学校という場を子どもたちが「道徳性」を形成するための経験を積み、「価値」を伝達する場とみなしており、そのための手段としてサービス・ラーニングを奨励している（Arthur & Bailey, 2000）。ここでいう伝統的なコミュニタリアンとは、個人主義的なリベラリズムの風潮に異を唱え、共同体の価値や理念を重視し、人々の連帯を主張する人々の総称である。この考えが直接愛国心と結びつけられることによって、国家に「従順な」市民が育成されようとしている。そこでは、マイノリティの声に耳を傾け、コミュニティをより良くしていくと言うよりも、異質なものを排除し、「古きよきアメリカ」の価値を維持（再生）しようとすることが重視される。コミュニティの形成を担う一員という米国の伝統的な価値観が体現される一方で、同様に米国が大切にしてきた社会の多様性を認める民主主義の伝統が失われつつあると警鐘が鳴らされている。そもそもコミュニティへのコミットメントは、米国においては国家への権力集中を嫌う人々が、自分たちの自治を確保するためのものであった。それが米国社会の多様性を担保してきたはずであるが、今日それが失われつつあるということである。

　振り返って、日本の現状を見るとどうだろうか。教育基本法「改正」、教育現場への君が代・日の丸の徹底、奉仕体験学習の義務化、こうしたものが、　つながりのものとして語られようとしている。「日本人であることの自覚や、郷土や国を愛し、誇りに思う心をはぐくむことが重要である」と第16期中教審答申は述べる。こうした文脈のなかで、サービス・ラーニングは、時の政府の方針を無批判に受け入れ「お国のため」に貢献する「国民」形成と結びついて理解される可能性もある。あらかじめ善い生き方（＝道徳）が確定されている場合、今日の多文化社会においては、自文化中心主義になるか「わたしはわたし、あなたはあなた」の「文化相対主義」になるしかない。こうしたことは、身近な思いやりのやりとりを越えて、より大きな社会構造の問題に目を向けることを難しくする。以下の考察では、サービス・ラーニングをこうした言説から距離を置いて定位することも不可欠となる。

4.「ふりかえり」の有無

　このようにサービス・ラーニングは、サービスの提供者と受益者との間の壁を取り払い、節合することにより、共通の価値を見出し、コミュニティをより多様な価値を含んだものへと再構成する可能性を秘めている。サービス・ラーニングが奉仕体験活動のように道徳性の涵養（それに伴う所与のコミュニティの価値の維持）に留まらず、コミュニティの再構成に至る可能性があるのは、それが学習（ふりかえり）の過程を含んでいるからである。そしてそのふりかえりは現実の他者やコミュニティを問題にしているのであり、単なる認知的なものではなく、価値観や学習の動機を含んだ、より全人的なものである。コミュニティの課題や自分たちの取り組みを批判的にふりかえる時、人と人との間の差異＝コンフリクトに学習の契機を見出し、またそのコンフリクトのなかでアイデンティティを揺さぶられながら、協働で新しい意味＝社会との関わり方を生み出していくのである。そしてそのふりかえりは、もちろん自己完結的なものではなく、他者とのコミュニケーションに開かれていなければならない。コミュニケーションにより、課題が見出され、共有され、その解決が構想されるのだから。ふりかえりが重視されない場合、それは、学習を伴わない徳目注入的な奉仕体験学習に近づくことになる。

　カーンとウエストハイマーは、ある二つのサービス・ラーニングの事例を対照的に捉え（「体験しただけ」と「ふりかえりがしっかり組み込まれた学習」の違い）、学習者、そして彼らが参加するコミュニティ（サービス）を変革していくことが重要であり、そのためにはサービスが反省的思考や批判的分析と結びついていなければならないことを指摘している（Kahne & Westheimer, 1996）。

　「体験しただけ」の事例は以下で示される。高3の米国政治学コースの生徒が、民主主義と市民性にかんする問題を学習する際に、自分で選んだコミュニティ・サービス・プロジェクトに参加するように促された。ある生徒

は、母親が妊娠中にコカイン中毒であった乳児のための施設で働いた。病院の雑用や患者が予約したところへ行くのを手伝った生徒もいた。また、ホームレスの人たちのためにサバイバル・キットを準備し、配った生徒もいた。コミュニティ・サービス活動を見つけ、それに従事することによって、生徒たちは教室としてのコミュニティで、彼らよりも「恵まれない」人たちとふれあい、学習の興奮と喜びを経験したのだと指導した教師は説明した。

一方「ふりかえりがしっかり組み込まれた学習」では、教師と生徒たちは、クラスの話し合いで、共通の関心を同定し、ホームレスの問題に力を注ぐことを投票して決めた。「そこここのホームレス現象」という名のユニットは、世界中で、そして地元の学区のコミュニティでホームレス現象が起きる社会的、経済的、法的、そして政治的な決定要因を調べた。ホームレス支援グループの人を呼んで話を聞いたり、ホームレスに関する新聞記事をファイルしたり、ホームレスの子どもたちにかんする本を読んだりした。彼らはホームレスのために支援計画を立て、二つのホームレス支援グループをクラスで選び、それに対して資金援助を行った。クラス全体での、また小グループでの議論と作文によって、彼らは読んだ本やゲスト・ティーチャーから学んだことについて、またプロジェクトに従事した際の自分たちの経験について振り返った。

どちらの例でも、生徒が本来あるべき学習経験をし、社会的問題に目を向け、教科を越えた学習の機会を得、支援を必要とする人への思いやりの大切さを実感し、年少者に対する支援の方法を見出したという点で共通した成果を得た。

しかし上記の二つを比較すると、前者では、「慈善」が強調されており、生徒の利他主義の感覚を養う点に特徴がある。生徒たちは、支援を必要とする個人やグループを助けるために直接的、間接的に時間を割き、力を尽くした。このカリキュラムには、生徒たちがサービスを行った社会的環境に潜む病理の体系的な分析には、ほとんど注意が向けられなかった。代わりに市民としての義務の感覚が強調された。彼らが、住む家を失う人やコカインに身を染める妊婦を生みだす社会的背景を明確にすることを求められることはな

かった。

　対照的に後者では、生徒は、ホームレス現象の原因とそれを防ぐための戦略の体系的で批判的な分析から始めた。生徒たちは、経済的不平等、ホームレスが子どもに与える影響、個人の権利と集団の責任との間の難しいバランスについて議論した。生徒たちはホームレスの子どもたちが書いた話を読み、ホームレスが人に与える影響について判断するエッセイを書いた。こうした「ふりかえり」により、活動したことの意味がより明らかになり、さらに今後自分たちがコミュニティのためにどんなことをすればいいのかを考えるに至った。ここにはコミュニティを変革していこうという志向性が見受けられる。

　カーンとウエストハイマーは前者を「慈善（charity）型」、後者を「変革（change）型」と名付け、その特徴を以下のように対照的にまとめた。

※保守的な Charity と変革志向の Change（Kahne & Westheimer 1996）

	道徳的側面	政治的側面	知的側面
Charity	施し（Giving）	市民の義務	付加的
Change	世話（Caring）	社会の再構築	批判的分析

　「変革型」のサービス・ラーニングでは、個人の知的な成長と同時に、コミュニティ（サービス）が再構築され、両者が有機的に結びつくことがめざされている。現実のニーズがあるという具体的な文脈において、生徒がサービスを受ける人を含む環境に働きかけ、その場で互いに応答しあうことにより、サービス／学習が進んでいく。つまり具体的な場面に能動的に参加する人と人との間（つながり）に学習が生みだされ、多元的な社会を構成する市民性が獲得されるのである。

5．3つの「市民」像

　さらにウエストハイマーとカーンは、民主主義教育をめぐる議論のもつれた現状を分析して、そのなかに、異なる志向性を持つ3つの「市民」像を提

出している（Westheimer & Kahne, 2004）。これを簡潔に名づけると「モラル型」、「参加型」、「公正型」となる。それぞれの「市民」を育成するために、行うべき教育にも差異が生じるのである。

モラル型市民

「モラル型」は、個人として社会に責任を果たす市民をめざすもので、前述の伝統的コミュニタリアンの抱く市民像に近い。彼らはきちんと働き、税金を払い、法に従い、災害が起これば助け合う。人格教育（character education）と親和性が高く「正直」、「誠実」、「自己鍛錬」、「勤勉」といった徳性（品位）を個人が身につけることが期待される。連邦政府の力点はこうした「心の育成」にあり、政府刊行のガイドブックでは、「サービスの習慣」（habits of service）を身につけるという表現が多用されている（Corporation for National Service, 2002）。敬意をもって他者に接し、怒りを平和的に処理し、他者の気持ちを思いやり、他人を傷つけない。人からして欲しいと思うことのすべてを人々にせよ。コミュニティの既存の価値に忠実であれ、というわけである。

ところでこの「市民」は必ずしも分析的思考や問題認識を必要としない。自分の頭を働かせなくても、やるべきことは明示的に与えられているのだから、それをただ内面化して行動に移せばよいのである。コミュニティ・サービスとサービス・ラーニングの違いを強調し、後者を支持する人たちが批判するのは、まさにこうした側面である。プリチャード（Pritchard, 2002）によれば、サービス・ラーニングの支持者がコミュニティ・サービスを批判するのは、それが、①エリート的な社会的責務の観念との関連が強い、②犯罪者の社会奉仕のように強制的なイメージがある、③純粋な利他主義とチャリティ主義で（問題を「心」に還元する）、学習の過程をふくまない、からである。

「モラル型」は、それが重きを置く価値を見ると、一見伝統的コミュニタリアンだが、その一方で、一人ひとりの個別的な「努力」の総和が、コミュニティ全体の利益に繋がると考えている。コミュニタリアンに個人主義を融

合させたのがこの「モラル型」と言えるだろうか。こうした観点からすると、2002年度から学校教育に導入された『心のノート』は、子どもたちに学習指導要領に定められた「徳目」を身につけさせようとする心理学的アプローチとして、「モラル型市民」の育成をめざしていると言えるだろう。また、奉仕体験学習の義務化の動きも同様の位置づけができる。

参加型市民

「参加型市民」は、コミュニティにおける市民活動や社会生活に積極的に参加する知識や能力を持った人々をさす。こうした市民育成に求められるのは、政府や行政組織、地域の団体がどのように機能しているのかを教え、支援を必要としている人のために組織を計画し、参加することの大切さを教えることである。「モラル型市民」が出来合いのコミュニティ・サービスに協力するのに対し（例えばバザーにモノを提供する）、「参加型市民」は自らコミュニティ・サービスを企画し、実行するのである。ボランティアを呼びかける「ハウツーもの」ではしばしば、この「自分自身のコミュニティ・サービス」を企画運営しようという呼びかけが見受けられる。

スキル型は、私たちのコミュニティは私たちの参加でつくるという米国創設以来の伝統が体現されたものである（ベラーほか，訳書，1991）。ここで重要とされるのは、共通理解や相互信頼、社会の連帯（social bond）、集団的コミットメントといったものである。市民生活への知識ある参加が民主的社会の基本的土台であり、この目標達成の手段として教育に重きを置く。個々人のコミュニティへの参加によってパットナム（訳書，2001）のいうソーシャル・キャピタルが蓄積されていき、コミュニティが活性化されることが期待されている。したがってこの立場は、コミュニティを担っていくための知識やスキルを強調する。市民生活に参加するためにはマネージメント能力、他者とうまくつきあう能力、情報処理能力といったものが必要なのであり、要は有能な個人育成に焦点を当てる。こうしたことから参加型市民は、他者との連帯、問題の集団的解決を重視しながらも、「強い個人」を前提としている側面がある。こうした抽象的な能力は、コミュニティの課題から脱

文脈化されたとたんに分断された個人のスキルの問題となりうる。スキル型においては、一人ひとりの能力を高めることが結果としてコミュニティを活性化していくと考えられるのである。

公正型市民

　「公正型市民」は、不公正（injustice）な問題を取りあげ、社会正義を追求する重要性に明確な注意を向ける。批判的に社会的・政治的・経済的構造を注視し、現状の不公正に変化を求めて挑む集団的戦略を考える。そして可能なときには問題の根元を明らかにする。コミュニティの問題について集団的な解決を見いだそうとする点では、「参加型市民」と問題意識を共有するが、社会問題や不公正を批判的に分析し、社会を改良していこうという革新的な姿勢において違いを見せる。参加型が現在の社会・政治・経済的構造を留保したなかで支援を必要とする人を助けることにより「よりよいコミュニティ」をめざすのに対して、「公正型市民」は、社会構造そのものにメスを入れる。つまり問題の原因は、個人に帰せられるよりも、むしろ個人をそういう状況に追いやる社会構造にあるという立場に立つのである。したがって、コミュニティの課題は、サービスの提供者と享受者に共有して認識されることとなる。

　また、前二つの「市民」が、問題への対処療法的アプローチ（サービス自体が目的）であるのに対し、公正型は問題を生み出す根を掘り起こそうとするものであるとも言えるだろう。サービスの質を向上させることよりも、むしろコミュニティ・サービスに関わるなかで、当事者たちとつながり、彼らと問題を共有し、コミュニティを理解する新たな視点を見いだすことに目標が設定される（もちろん、見いだされた新たな視点をもとにしてサービスは更新されるのだが）。このため「公正型市民」は、批判的分析能力、社会認識力を重視する点で他の二つから際だっている。

　この3つの「市民」像を明確化させるために、ある課題に対してそれぞれの「市民」像に基づいたサービス・ラーニングがどのように展開されるか、一つの話を考えてみよう。私たちの住んでいる町にホームレスの人々がいる

とする。それぞれの「市民」はどのような行動を起こすだろうか。モラル型は、ホームレスのためにボランティア活動をしている団体に衣類や缶詰を提供したり、バザーを行って得た収益を寄付したりするだろう。参加型は、自らこうしたボランティア活動を組織し、サービスを運営していくだろう。そして公正型は、ホームレスを生み出す社会・政治・経済的構造の問題に分析の目を向け、不公正を社会に訴えていくのである。

　サービス・ラーニングでは、ふりかえりの過程が重視されているが、ふりかえる内容を考えてみると三者の相違がわかる。モラル型はどれくらい徳目を内面化できたかをふり返り、参加型は、どれくらいうまく活動が運営できたのか、サービスの質は高かったかとふりかえる。そして公正型は、自分たちの批判的分析が現実をどれだけ明確に捉えることができているのかをふり返るのだ。

	モラル型市民	参加型市民	公正型市民
特徴	・コミュニティで責任をもった行動をする。 ・働き、税金を払う。 ・法に従う。 ・リサイクルや献血に協力する。 ・災害の時にはボランティアに協力する。	・コミュニティを組織したり改善する活動的な一員。 ・支援を必要とする人たちのための活動を組織する。コミュニティの経済状況や環境を改善する。 ・行政の役割を知る。 ・協力して課題に取り組む方法を知る。	・表面的な原因を超えて社会・政治・経済的構造を批判的に吟味する。 ・不公正な領域を探り明らかにする。 ・社会運動について知り、システムを変革する方法を学ぶ。
活動例	食料配給に食料を提供する。	食料配給を自ら組織する。	なぜ人々が飢えるのかを考察し、根本的な原因を解決するために行動する。
前提	市民はよい徳性を持たねばならない。正直で、責任感があり、法を遵守するコミュニティの一員であること。	市民は積極的に参加しリーダー的立場をとらなければならない。現存のシステムとコミュニティの構造の範囲内で。	市民は、不公正を再生産する現存のシステムと構造を疑問に付し、変革していかなければならない。

Westheimer & Kahne. 2003 をもとに筆者が作成

6. 二つの軸—「私とあなた／私たち」と「社会秩序の維持／社会変革」

　理念的に示された上述の3つの「市民」像は、それぞれがそれ自体で重要な価値を持っている。子どもたちがコミュニティへの愛着を感じる、自己効力感を高める、社会の問題に目を向ける、等々。しかしその一方で、それぞれが自己完結すると、問題が生じるおそれがある。それを理解するためには二つの軸を設定してみたい。一つ目は、人と人をつなぐのか分断するのかということ、二つ目は、社会を静的に見るのか動的に見るのかということである。

個人として有能なのか、連帯を望むのか
　モラル型市民とスキル型市民は、個人の徳性や能力を向上させることに焦点をあてている。前者は道徳的に優れ、後者は問題解決能力・活動の組織能力・コミュニュケーション能力等に長けている。一人ひとりがこうした徳性・能力を身につければつけるほど、コミュニティは活性化し強くなると考えられる。前者を新保守主義、後者を新自由主義のなかに位置づけることもできるだろうか。いずれにせよ、両者ともに「個人として」優れていることを含意している。
　個人として優れた市民像は、それだけで完結するとサービスの提供者と享受者を分断し、享受者から力を奪うことに繋がるおそれがある。支援を必要とする人々は、その人が「個人として」劣っているために今の境遇にいると見なされる。そして、「彼らはかわいそうだから助けてあげないと」となる。サービスの提供者である子どもたちは、「かわいそうな人たち」を助けることで自分の力を感じることができるかもしれない。しかしそれと同時に、問題の原因を個人に帰結させるので、享受者を「だめな人」と見下すかもしれないのだ。実際にスキル型のサービス・ラーニングに取り組むことで有能観を高めた子どもたちが、同時にサービスの受け手への偏見を強めたという報告もある（Westheimer & Kahne, 2004）。

確かに両者共に共通の善を共有することを求めている。パットナムのいうソーシャル・キャピタルなどはその象徴的なものであると言えるだろう。しかし興味深いのは、パットナム自身がソーシャル・キャピタルの「排他性」について述べていることである（Putnam, 2000）。パットナムは、ソーシャル・キャピタルを bonding と bridging の二つのタイプに分け、前者が集団内の凝集性を高めながら他者を排除するのに対し、後者は異なる集団間の橋渡しとなる可能性があると示唆している。強い連帯がその価値観から外れるマイノリティの排除（たとえば人種差別）につながる危険性があるというのである。共同善を強調する伝統的コミュニタリアンには、単一の声のみが強く響き、その他多数の小さな声をかき消してしまう危険性が付きまとっている。確かに、モラル型はコミュニティの価値を、参加型は協働を重視する。しかしそのつながりは、必ずサービスの提供者と享受者を結びつけるものなのだろうか。単に、提供者同士の連帯を強め、彼らの能力を高めるだけであり、享受者を「弱者」として置き去りにする恐れはないのか。優れた「私たち」とできない「あなたたち」の構図へと陥る危険性がここにはある。そこに生みだされる連帯＝コミュニティは社会的に不利な立場の人々から尊厳を奪うかもしれない。

　これに対して、公正型市民は、社会構造に目を向けるため、あなたの問題は私の問題にもつながっていることが理解される。ある人が困難を抱えているのは個人の努力が足りないからでも能力がないからでもなく、むしろ不平等な社会構造にあると。ある人のニーズは、私たち全体のニーズへと再解釈され、共通の課題として認識される。ここでは、異なる社会文化的背景を持つ者同士が「つながる」可能性に開かれている。

　ウェイド（Wade, 1997）は、慈善（charity）とサービス（service）を区別して、前者が他者の「ために」行われるのに対して、後者は他者と「共に」なされるという。慈善が人と人とを分離するのに対して、サービスはコミュニティを形成するという。異なる立場の人々の間のつながりをつけるためには、私たちが属している社会構造へまなざしを向け、そこにある課題を共有することが求められるのである。

現状の維持か、それともよりよい社会か

　この二つ目の軸は、一つ目の軸からの必然として生じる。モラル型と参加型はコミュニティのニーズをサービスの担い手と受け手の問題として個人の中に閉じこめる。（道徳的・能力的に）変わるべきは個人個人であると。一方公正型は、コミュニティの編成自体に問題を含んでいると考えるので、変わるべきはコミュニティそのものだと見なされる。ここに、今ある社会構造や価値観を維持しようとするのか、それ自体を変えていこうとするのかという違いが生じる。

　モラル型、参加型に共通するのは、現状維持を志向する静的な社会像である。共通の善なるものが予め決まっており、それを実現することがめざされるのである。そしてその共通の善とは、今日の多文化社会の多様な価値観を包含するのではなく、特定の集団の価値観を反映したものとなる。それはもちろん、支配的勢力を持つ集団のものであり、少数派のニーズや価値観は見落とされる。コミュニティのニーズも同様に、予め支配集団の価値観を反映したよい社会像があるのだから、それをスムーズに運営するための補完作用を持つものになる。サービス・ラーニングの効用としてしばしば指摘されている、コミュニティ・サービスの下請けを安価な労働力（若者の学習）を利用してコストダウンをはかるという発想は、ここから来ている。責任を持って社会に貢献するにせよ、自分の力を活かして参加によってコミュニティをつくっていくにせよ、行うべきことは予め決まっており、それは当然のごとくマジョリティの考えたニーズなのである。脱政治化されたサービス・ラーニングと言ってもよいかもしれない。

　これに対して、公正型は、今ある社会構造自体の正統性に批判的なまなざしを投げかける。これまで届いていなかった少数派の声をもとにコミュニティのニーズを編み直すことが、ここではめざされる。より公正な社会をつくっていくための認識の共有が必要である。コミュニティのニーズを「私たち」に共通の課題として再定位することによって、コミュニティの「善」も所与のものを引き継ぐだけではなく、不断の再更新を求められることになるのだ。

「参加」ということ

　3つの市民像において、前二者は、マジョリティの価値を維持し、そのなかで生きることをめざす強い個人の二側面（道徳的・能力的）であることがわかる。同質的なコミュニティを維持していく資質を持った個人の育成がそこでは求められているのである。一方公正型は、問題を社会的なものとして共有することによって異なる立場の者同士をつなげ、コミュニティを変革しようとする。

　したがって、「人権をめざす教育」の観点からすると、公正型が求められることになるが、公正型もそれ自体で完結すると、必ずしも具体的な行動を重視しないために、口だけ達者で社会を批判して自分は何もしない人間になりかねない。他者とのつながりをつけるためには、モラル型・参加型とのバランスの取れた統合が求められるだろう。

　この三者を結ぶものは何か。そのためには、コミュニティへの参加を、人と人がつながる契機にすることが求められるだろう。参加するだけでは必ずしも他者の思いに出会わない。しかし公正型の批判的分析の視点と結びつくことによって、参加はモラル型・参加型を異なる他者との連帯へと誘う。デューイ（訳書, 1975）が言うように、私たちは共通の課題に従事することによって、他者と観念や感情、興味を共有するようになる。そこから生まれてくるのが、人と人との新しい関係であり、コミュニティの再構築であると言えるだろう。

7. 私たちの望むものは―出会い・ふれあい・元気

　エンパワメントというよく知られた概念がある。これはしばしば誤解されているように個人が何らかの力をつけていくという概念ではない。それは「差別や抑圧、あるいは社会の否定的なまなざしにさらされることによって、本来もっている力をそのまま出すことができず、いわば力を奪われた状態にある人が、その抑圧された力を生き生きと発揮することで、能動的に自己実現や社会参加に向かっていくプロセス」（部落解放・人権研究所, 2000）を

いう。抑圧してくる社会状況に目を向け、それに対して連帯して私たちが本来持っている力を発揮できる社会状況に変革していくことである。これは社会の抑圧から解き放たれた「本来の」自己という空虚な存在を想定している点に問題を抱えているが、ここを「他者との対話によって生み出される」自己と置き換えれば、非常に有効な概念となる。社会から独立して予めある自己は存在しないという立場からすれば、連帯とは異なる他者同士が出会い、対話を通じて「よりよい」社会を編成していくプロセスに参加することに他ならない。サービス・ラーニングは、個人個人が個別に道徳性やスキルを身につけていくことに留まってはならない。サービスの提供者だけが力を発揮でき、享受者から力を奪うのではなく、両者が課題を共有しその解決をめざすことが求められるのである。

　カーン（Khane, 1996）は、単一で静的な共同善を志向する伝統的なコミュニタリアニズムに対して、多様な声によって共同善を更新していく（コミュニティを再構築する）デモクラティック・コミュニティを提起する。そこでは異なる意見の対立こそがコミュニティ更新の契機となる。それは、異なる利害集団の妥協点を見出すことではなく、新しいものを作り出していく営みである。既存のコミュニティは、常に異なる集団に開かれてこそ生き続けることができる。他者との終わりなき対話の過程が、コミュニティの活力となり、より公正なコミュニティの構築がめざされるのだ。

　本章では3つの市民像をもとに、多様な価値を含んだコミュニティにコミットしていく共同の活動＝サービス・ラーニングを模索してきた。3つの市民像は必ずしも背反する概念ではなく、同時に追求されうるものである。しかしたとえば、「モラル型」が「参加型」や「公正型」の視点を持たないとき、サービス・ラーニングは、人と人とのつながりを保障しない。求められるのは、三者それぞれのよい側面を同時に備えていること、もっと言えば公正を志向する市民が参加を通じてモラル型とスキル型と統合されることである。池田（2005）は、次のように述べる。

　サービス・ラーニングに参加した生徒たちは、その経験を通じて、自分

たちが生活しているコミュニティの中の問題を知ることになる。それだけでなく、その経験を通して、自分とは異なる人々の境遇に思いをはせ、そのような人々の境遇をつくり出している社会的な要因にも思いを巡らすことになる。それはデューイが「共感性」と呼ぶところのものである。すなわち「人々が共通にもっているものに対する洗練された想像力であり、人々を不必要に分裂させるどんなものに対しても逆らう反抗」(『民主主義と教育・上 p.194-195』)としての共感性である。このような共感性を一人ひとりの人間が備えるようにすること、社会的な障壁を永続させるのではなく、それらを矯正し変革する過程に参加する人間を育てることが、教育の重要な課題として再び認識されつつある。

一人ひとりがその存在を認められ、他者の声に耳を傾け、コミュニティの変革を担いながら成長できる環境をつくりあげること(出会い―異なる他者に出会う、ふれあい―他者とつながる、元気―自己効力感)。そのための手段としてサービス・ラーニングを考えていくことが求められるだろう。

第5章　人権教育に基盤を置いた市民性教育
―萱野小学校の実践

1. 萱野小学校のプロフィール

　萱野小学校は、大阪府北部にある明治以来の長い歴史を持つ公立の小学校で人権教育を基盤に教育活動を展開している。地域の中の学校という意識が強く、地域連携は教育の柱の一つとなっている。児童数は600名弱で、各学年3クラスの中規模校である。各種加配を受けることにより、担任外で動ける教師の数が多く、人権教育推進担当としてチームを組んでいる。人権教育推進担当チームと各学年集団が連携して、チーム力で教育に取り組んでいる。

　また、1990年代にオープンスクール型の校舎新改築を行い、オープンスペースとして使える広い廊下、校舎の中心にあり壁を取り払うことのできる図書室などを備えている。通常教室も図書室も戸が外されており、開放的な雰囲気のなかにある。校内研修、研究授業等も盛んで、毎年2月には、自主公開授業研究会を開き、全国から多くの来校者を迎え、教育の質を高めている。

　学校教育目標は、①「自分が好き！」「学校が好き！」な子どもを育む、②地域・社会に開かれた「楽しい学校づくり」に努める、である。「めざす子ども像」や「学校教育活動の重点」など以下の学校教育目標のもと、学校として研究開発に取り組み、今日に至っている（表1）。

　「めざす子ども像」「学校教育活動の重点」は、形式的なものではなく、萱野小の教育実践を表すキーワードがちりばめられたものである。「めざす子ども像」は、自分を大切に思える（①）とともに、他者を思いやること（②）

表1　めざす子ども像と学校教育活動の重点（学校要覧より）

めざす子ども像
① 自分が大切な存在であると実感できる子 ② 他者に共感でき思いやりのある人権感覚にあふれる子 ③ 基礎・基本や自ら学び考える力など確かな学力の向上を目指す子 ④ 積極的に社会に参画しようとする子
学校教育活動の重点
① 国際的な人権教育の潮流を踏まえ、「人権教育の四側面」で日々の教育活動を検証し、本校教育の充実を図る。 ② すべての子どもが基礎基本を確実に身につけることのできる魅力あるわかりやすい授業の創造と一人ひとりを大切にしたきめ細かな指導。 ③ 知的好奇心や探究心を持ち、生活のなかや社会にある様々な課題について主体的に学び、問題を解決しようとする力を育む。 ④ 子ども同士、教職員と児童が相互に共感と信頼に基づく暖かい豊かな人間関係をつくり、一人ひとりが尊重され、自らの良さや可能性を発揮し、豊かな自己実現が図れるよう教育活動を推進する。 ⑤ すべての人が個人として尊重され、生命、自由及び幸福追求の権利が尊重される社会の実現に向け行動できる力を育む。

ができる、そして自ら学び（③）、社会に参画する（④）ことを表している。自他を尊重しながら学び、社会に参画する子どもを育む人権教育である。

2. 萱野小学校の人権教育―人権教育の4側面

　萱野小学校の教育実践は、人権教育に基盤を置いている。「学校教育活動の重点」①の「人権教育の4側面」は、第2章でも触れたが、「人権教育のための国連10年」のなかで概念化されてきた考え方である。1) 人権としての教育（education as human rights）、2) 人権についての教育（education about human rights）、3) 人権が大切にされた教育（education in or through human rights）、4) 人権をめざす教育（education for human rights）のことであり、②～⑤がその内容を示している。

　人権としての教育は、学習権としての教育を意味する。本来は、教育を受ける権利ということで、不就学児童生徒の問題を顕在化させるために概念化

されたものであるが、形式的な学習権の保障ではなく、さらに一歩進んで結果としての学習権の保障をめざしている。つまり、生涯にわたって学び、社会に参画し、世の中で生きていくための基礎学力の保障がめざされている。この基礎学力にはいわゆる「読み書き算」も含まれるが、むしろつながりのなかで学ぶ意欲を深め課題を解決していく力の育成が図られている。さらには、コミュニケーション能力といった現代社会で強く必要とされるようになってきたスキルも含まれるようになってきている。

　人権についての教育は、学習内容にかんする側面であり、具体的な人権課題について学ぶことである。狭い意味での人権教育は、この人権についての教育に表わされており、例えばマイノリティの当事者に講演をしてもらい感想文を書く、また人権課題を取り扱った映画を見て感想文を書くといった取り組みだけで、人権教育をやっていますという学校や自治体というのもまだまだ少なくないと思われる。もちろん、人権課題を知ることは人権教育に不可欠ではあるが、ここで留意が必要なのは、その「知り方」には、いかに人権課題を自分たちの課題として考えるかといった仕掛けが必要であるし、また他の3側面とのつながりがあって初めて意味をなすのだということである。また、憲法や法律など、自分自身や他者の人権を守り、社会に参画していくための具体的な知識もここに含まれる。

　人権が大切にされた教育は、一人ひとりの意見が開かれ、尊重されるといったように、一人ひとりが大切な存在として認められる学校文化を意味している。いくら人権が大切だと教師が子どもたちに説いても、同じ教師が高圧的にふるまっていたり、クラスでいじめが放置されていたり、言いたいことを言えないような雰囲気があったりしては、とても人権教育とは言えない。自尊感情や仲間や大人に対する信頼感を日常的な学校生活で育んでいくのが、この人権が大切にされた教育という側面である。

　そして最後の人権をめざす教育は、上の3つの側面を統べるものとしてあり、「人権が保障される社会を実現していくために、自分の力を信じていく子どもたちを育てること」を意味している。一人ひとりの人権を大切にすることは、多様な他者を尊重したり、助け合ったりするだけでは達成されな

い。身近な人間関係を超えた社会の制度や法律といった「しくみ」を変えていったり、自分たちの住む町を性別や障害の有無、国籍の違いなどにかかわらず生きやすくすることが必要であろう。そうした地域づくりに子どもたちなりに参画していくのが、人権をめざす教育である。単に人権問題を知識として学ぶだけでなく、子どもたちの学ぶ権利が保障され、日常の学校生活で子どもたちの人権が大切にされ、人権の尊重された社会づくりをめざしているわけである。

　この人権教育の4側面から、学校教育を考えてみると、学校が子どもたちにつけようとする力は、まず世の中でやっていくための力（適応、生き残り）であり、第2に世の中を担っていく力である。そして、「担っていく」というのは、人権に満たされた社会づくり（変革）を担っていくといことでもある。このことは、人権教育は、「心」を育むとともに、社会を担う力を育むことを意味している。

　人権教育を考えるときに、もう一つ忘れてはならないのが、だれにこだわって授業をするのかということである。すべての子どもたちに同じように接するのが「平等」なのか、すべての子どもたちが豊かな学びができるよう特定の子に焦点を当てることが「平等」なのか。具体的に言えば、クラスの8割が理解できればよいといった教師主導の一斉授業の質を高めるのか、それとも一番「しんどい」立場の子にこだわった授業づくりを行うのかということである。大阪をはじめとした同和教育では、後者が大切にされて実践が蓄積されてきた。教師の授業がいくら下手でも、つまらなくても、勘のいい子、学習意欲の高い子は勝手に学習するのであって、その子の学力が高くてもそれは、教師の力量とはあまり関係がない。一部の「できる子」をつなぐことで成立した「よい授業」の背景には、孤立無援で毎時間を過ごしている「できない子」が見落とされているかもしれない。クラスのなかで一番困難を抱えている子どもが、どんな授業なら学ぶことができるのか、そこでは仲間とのつながりが学びを高めるということが想定されている。そこにこだわるのが人権教育であろう。

3. 3つの領域―「基礎学力保障」「人権総合学習」「人間関係づくり」

　萱野小学校は、「基礎学力保障」、「人間関係づくり」、「人権総合学習」の3つの領域を設定している。人権教育を縦軸、この3領域を横軸として教育活動が編成されている。

　基礎学力保障では、「子どもたち自身が学ぶことの意義をとらえ、どのような力をつけるのかを意識して学習に向き合い、人とのつながりの中で、課題を解決していく『自立した学び』の力を育むこと」をめざしている。自分の思いや考えを言葉で表現し、互いの良さに目を向けて伝え合うことを授業や取り組みの中に位置づけ、積極的に相手の思いや考えを読み取ろうとする力や自分の学びを捉える力を高めていく。基礎学力保障というと、計算ドリルなど反復学習を想起しがちではあるが、そうしたことよりも、学ぶ意味を仲間とのつながりのなかで見出し、課題を解決していくことが求められている。

　人間関係づくりでは、「互いの思いや考えを伝え合うことを通して、自分自身を見つめ」、ものの見方や自己の世界を豊かにしていくことがねらわれている。具体的な取り組みとしては、お互いが自分の生活や「思い」を話したり・聞いたり、書いたものに対して「コメントカード」のやりとりをしたりする。低学年の段階から、クラスの仲間や教師、保護者・地域住民とのつながりから、自分や友だちの思いや「いいところ」に気付き、自己肯定感を養う。これを萱野小では、「あたためあう関係」と呼び重要視している。

　「あたためあう関係」は、互いの「思い」を受け止め認めあうといった「情」的な面と、自分とは異なる視点や考え方、感じ方を提示してくれるという「知」的な側面がある。このあたためあう関係については後に詳しく述べることにする。また、近年では、「つながるためのスキル」としてコミュニケーションのとり方やソーシャルスキルを身に付けることにも取り組んでいる。これまでも人と関わるのが苦手な子を包み込む集団づくりが大切にされてきたが、人とつながるためのスキルを基礎学力として捉え直しているの

である。そこでは、単純に「みんな仲良くしましょう（しなければならない）」といった教育ではなく、むしろ自他の違いと共同性に気付くなかで成長していくことが大切にされている。

　人権総合学習では、「自分を出発点に地域や社会、そして広く世界へも目を向けながら活動し、そこで学んだことを生かして、自分の未来を気づき、よりよい社会づくりに参加していく子どもを育てること」をねらいとしている。そのカリキュラムは、子どもの発達に応じて編成されるが、萱野小の人権総合学習は次のように意味付けがなされている。

　萱野小学校では、人権総合学習を、低学年のうちに周りの人たちとのつながりを楽しみ、自己効力感を高める「人権基礎総合学習」から、中学年で自分たちの得意を活かしつつ、相手を意識した活動を展開する「パフォーマンス系総合学習」と地域をフィールドにさまざまな人たち、もの、歴史などに出会うことを楽しみ、受け取った思いや活動を通しての学びを発信していく「地域系総合学習」、さらにそれを基盤としながら高学年で、

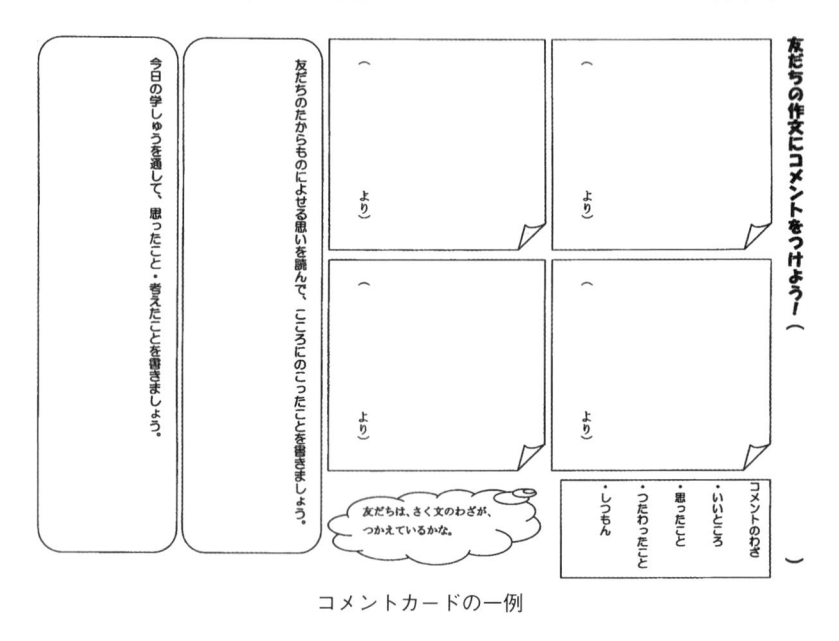

コメントカードの一例

第5章　人権教育に基盤を置いた市民性教育 – 萱野小学校の実践

自分を出発点としながらよりよい社会づくりに主体的に参加していく子どもをめざす「人権起業家教育」へと6年間の子どもの育ちの積み上げを大切にしています。(中略)「本物」との出会いにより心動かされる経験を重ねる、人権総合学習はそのような学びの場です。そのなかでさまざまな人権課題との出会いは欠かせないものであると考えています。また、子どもたちがすべての人が暮らしやすいまちづくりに向け活動されている地域の人たちと出会い、その生き方や思いにふれたときに、自分の中に取り込んで考え、今の自分にはどんなことが生かせるだろう、何ができるだろうということを考え、行動していく力を育んでいくことは、人権教育の目指す「自分を出発点によりよい社会づくりに参加していく子どもを育てる」ことにつながります。(2008年度公開研資料より)

低学年では、自分をスタートに、遊びや体験を大切にしながら、友だちや家族、地域の人たちへと世界を広げていく。そしてその「あたためあう関係」を基盤に持ちながら中学年では、地域に学び、その学びを地域に発信していく。高学年ではさらに、世界や将来に視野を広げ、今の自分たちにできることを考えて、よりよい社会づくりにむけた行動を起こしていくのである。

萱野小ではこうした大枠を持ちながらも、子どもたちの状況や教師集団の関心、前年度までに出会った地域住民とのつながりなどによって課題設定がなされるため、毎年取り組むテーマが異なる。具体的な取り組み例を挙げると、低学年では、「あそび名人」「しごと名人」をテーマに地域住民との出会いを積み重ね、出会った人たちにあたためられ、つながりを広げていった実践(2007年度1年生)や、さまざまな地域住民にアドバイスをもらったりほめてもらいながら、絵本の世界を楽しんでもらう「おはなしランド」を開き、出会った人たちを招待したり、地域に発信していく活動を展開した実践(2006年度2年生)がある。

中学年では、地域の人たちとの出会いから、「ものづくり」をテーマに野菜、わら細工、切花など自分たちで作ったものでチャレンジショップを開

き、地域の「素敵」を発信し、またその収益金で公園への植樹も行った実践（2003年度3年生）や、まち探検や地域の人たちとの出会いを通して、地域の「いいところ」をたくさん見つけ、それを「ミュージアム」に表現していくなかで、誰もが住みよいまちにしていくために、自分たちにはどんなことができるのかを考えた取り組み（2008年度3年生）がある。

　高学年では、地域をよりよくしようと活動されている人たちとの出会いを重ね、受け取った思いをもとにNPOを立ち上げ、地域に役立つ活動を展開するとともに地域通貨にも取り組んだ実践（2004年度6年生）や、戦争体験者や仕事で夢をかなえた人たちとの出会いのなかで、それぞれの人たちの生き方を「しぶとさ」の観点から見つめ、かれらから受け取った思いを、地域をよりよくしていくための「ごったにざ」の活動につなげていった実践

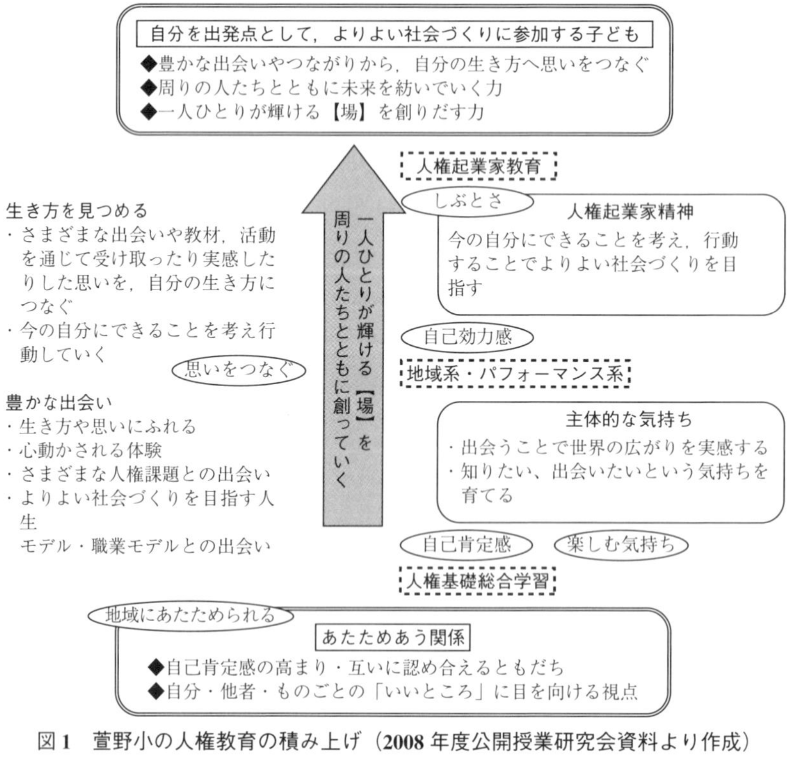

図1　萱野小の人権教育の積み上げ（**2008年度公開授業研究会資料より作成**）

(2008年度6年生)がある。どの実践でも、地域の「よさ」に囲まれ、あたためられながら、地域住民の生き方や思いにふれ、その思いを地域をよりよくしていくための活動へとつなげていこうとしている。

「基礎学力保障」、「人間関係づくり」、「人権総合学習」の3領域は、それぞれ独立してあるのではなく、相互に関連付けられている。基礎学力保障に位置付けられた学習活動においても、人間関係づくりの視点は不可欠であるし、人権総合学習との連動・相互乗り入れが行われる。取り組みは3つの領域に分類されるが、すべての取り組みにこの3つの領域の視点が含まれているわけである。

萱野小の実践に特徴的なのは、前述の3領域すべてにおいて「あたためあう関係」という人間関係が大切にされている点、さらには学習のフィールドは学校内だけではなく地域社会に広がっている点にある。あたためあう関係は、クラスの仲間との間にだけでなく、地域住民との間にも構築されるのである。

図2は、萱野小学校の学習活動の年間見取り図である。年度初めには、この見取り図は、ごく大まかな書き込みしかなされていない。3領域での学習が進むなかで、領域間の関係が検討され、子どもたちの学習意欲を高めるためにどうしたらいいかを考えるなかで方向性が決定されていく。この見取り図は、何度も加筆・修正され、年度が終わるころに完成されるのである。

表2は、2007年度3年生の「基礎学力保障」に位置づけられる「とびだせ！かやっ子ライター」の流れである。自然のもの、友だち、地域の「よさ」を見つけて言葉で表現していく。その過程では、クラスメイトとのコメントのやりとりでほめられることで自信をつけ、自分とは異なる考えにふれ表現力を高めあっている。そして最終的に地域（の「すてき」）紹介のお話をつくり発信していく。2011年度には、地域のいいところをコマーシャルにして YouTube にアップロードする取り組みも行われた。地域のよさを発信することで、読み書きといった基礎学力を高めると同時に、自他の人権を大切にし、社会へ参加する力が育まれていくのである。

2011年度　人権教育カリキュラム 3年

- 自分の気持ちを友だちに伝わるように表現する。
- 友だちのよさを知り、互いに認めあう。
- 地域のよさを知り、それを伝える。

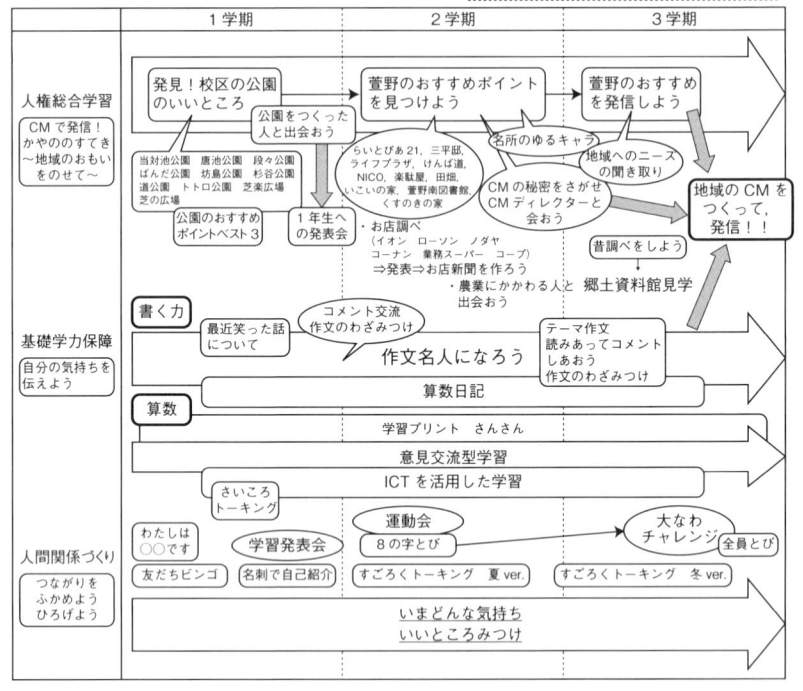

	1学期	2学期	3学期
人権総合学習	CMで発信！かやののすてき〜地域のおもいをのせて〜 / 発見！校区の公園のいいところ / 当対池公園 鹿池公園 段々公園 ばんだ公園 坊島公園 杉谷公園 道公園 トトロ公園 芝楽広場 芝の広場 / 公園をつくった人と出会おう / 公園のおすすめポイントベスト3	萱野のおすすめポイントを見つけよう / らいとぴあ21、三平邸、ライフプラザ、けんぱ道、NICO、楽駄屋、田畑、いこいの家、萱野南図書館、くすのきの家 / 1年生への発表会 / ・お店調べ（イオン ローソン ノダヤ コーナン 業務スーパー コープ）⇒発表⇒お店新聞を作ろう / ・農業にかかわる人と出会おう / 名所のゆるキャラ / CMの秘密をさがせ CMディレクターと会おう	萱野のおすすめを発信しよう / 地域へのニーズの聞き取り / 昔調べをしよう / 郷土資料館見学 / 地域のCMをつくって、発信!!
基礎学力保障	書く力 / 自分の気持ちを伝えよう / 最近笑った話について	コメント交流 作文のわざみつけ / 作文名人になろう / 算数日記	テーマ作文 読みあってコメントしあおう 作文のわざみつけ
	算数	学習プリント さんさん / 意見交流型学習 / ICTを活用した学習	
		さいころトーキング	
人間関係づくり	わたしは○○です / つながりをふかめようひろげよう / 友だちビンゴ	学習発表会 / 名刺で自己紹介 / 運動会 8の字とび / すごろくトーキング 夏ver.	大なわチャレンジ（全員とび） / すごろくトーキング 冬ver.
		いまどんな気持ち いいところみつけ	

図2　年間見取り図

表2 「とびだせ！かやっ子ライター」年間の流れ

	活動テーマ	活動内容	時数
1	いいとこキャッチ	お店や商品のキャッチフレーズを集め、キャッチフレーズとはどんなものか、どんなよさがあるか探る。キャッチフレーズにはプレゼントとラッピングが必ず必要であることを知る。 プレゼント　ラッピング ＝こめられた思いや願い　＝言葉としての技 いいところ・目標　歌。ごろのよさ・だじゃれ 大切にしていること　同じ言葉・体言止めなど	3h
2	身近な人やものでキャッチフレーズをつくろう。		全12h

第5章　人権教育に基盤を置いた市民性教育－萱野小学校の実践

	えんぴつのキャッチフレーズを作ろう	身近なえんぴつのいいところやできること、外見など、えんぴつから思いつくことを、Iマップを使って言葉を出し合い、グループでキャッチフレーズを作る。	2h
	校長先生のキャッチフレーズを作ろう	身近な人（校長先生）のいいところいつもやっていることなど、思いつくことをIマップを使って言葉を出し、個人でキャッチフレーズを作る。	3h
	校長先生のキャッチフレーズをグループで推稿し発表練習する	個人の作品を発表し、それぞれのよさを残しながら、グループで1つキャッチフレーズを作る。班員全員の思いをひとつに、アピール文を作る。できた文を読みあう。	3h
	発表	キャッチフレーズを班で発表する。各班のいいところを見つけ、発表しあう。	1h
	校長先生に聞いてもらおう	実際に校長先生に直接届ける。キャッチフレーズにプレゼントラッピングができているか、思いが届いているか、講評をもらい、自分のキャッチフレーズ作りへのヒントにする。	1h
	活動をふりかえる	一緒に作った班の仲間へ「ありがとう」を贈る（よかったことをほめあう）。活動を振り返り、よかったことや苦労したことを作文にする。	2h
3	自分のキャッチフレーズを作ろう		全13h
	自分のことをもっと知ろう	家族や友だちから自分のいいところを聞き取ったり、自分の直したいと思っている点をリフレーミングすることで自分を再発見する。	5h
	自分のIマップを作ろう	自分のいいところをIマップにまとめ、自分自身について考える。また言葉をつなげることでキャッチフレーズ作りの語彙を集める。	1h
	プレゼントを考えよう	自分が伝えたい自分のいいところをプレゼントに書き表す。	1h
	キャッチフレーズを考えよう	Iマップをみながら自分のキャッチフレーズを作る。	1h
	キャッチフレーズを交流しよう	できたキャッチフレーズをみんなに伝える。	2h
	活動をふりかえろう	キャッチフレーズを作るまでの心の動きを作文に表す。自分のいいところを見つめなおしたことや周りの人たちとの関わりをふりかえる。	1h
4	キャッチフレーズをいかそう	学校の中で自分のいいところをいかせるところを探し、さまざまな人と関わる。	2h

誰に焦点を当てるのか

　さらに萱野小の指導案には、様々な困難や課題を抱えた複数の子どもたちの様子や、その授業でその子にこだわる点が詳細に書き込まれている。かれらがどれだけ輝けるか、それが授業の質を測る基準となっている。上の「かやっ子ライター」も出発点は、「オレのウリは暴言と暴力しかない！」と4月に言い放った子どもの一言だったという。学年集団は、「1年生の時から人間関係づくりに力を入れてきた学年だったが、まだまだ自分に自信が持てず、居場所がないと感じている子がいた。一人ひとりがすてきなものを持っていることをみんなで共有できたら、という思いがきっかけとなってキャッチフレーズづくりに取り組むことになった。キャッチフレーズは短いことばのなかに自分の思いを込め、言葉を選んで表現されている。子どもたちが思いを込めるということを常に意識して活動に取り組めると考えた」（同指導案より）。気になる子どもへのこだわりが、萱野小の授業づくりの根幹にある。

　多様な人々に出会い、「あたためあう関係」の中で育まれ学んでいくことや、困難な状況にある子どもたちをクラスの中心に据えた授業づくりなどは、萱野小だけでなく、多くの人権教育実践で取り組まれてきたことでもある。萱野小はそれを高次元で実現しているといえるが、さらに萱野小の実践の人権教育としての卓越性をあげるならば、それは「あたためあう関係」が単なる身近な人間関係にとどまらず、広く社会への参加を促す基盤となっている点にある。学年が上がるにつれて、子どもたちは地域の一員としての活動範囲を広げ、（人権に満たされた）地域づくりを自分たちの課題として引き受けていく。それを可能とするのは、次節で述べる「あたためあう関係」の「知」的側面にある。

4. 市民性教育にとっての身近な人間関係

　萱野小の実践には、社会参加の前提に「あたためあう関係」があった。以下その内実を示し、「あたためあう関係」が人権教育と市民性教育をつなぐ

自尊感情を高め社会に参加する意欲を高める

　「あたためあう関係」は、学習の前提に互いを認め合う人間関係があるということを示している。前述の「かやっ子ライター」では、お互いの書いたものに対して「いいところみつけ」のコメントのやりとりが行われていた。自分の表現に対して肯定的なコメントをもらえることは子どもたちにとってうれしいことで、もっと書こうという意欲につながっている。クラスメイトからの肯定的な言葉かけによって子どもたちは自信がつき、学習意欲が高まるだろう。

　さらにこのことは同時に、他人を認める、友だちの「いいところ」に目を向けるという意味も持っている。意識して初めて気づく友だちのよさや、友だちから言われて初めて気づく自分のよさ、こういったコメントのやりとりを通じて、他人を見る目、自分自身を見る目があたたかく、自信に満ちたものになっていくのではないだろうか。こういったことはしばしば「自尊感情」という言葉で表現されてきたと思われるが、自尊感情というのも自分のよさを認めることだけではなくて、他人のよさを認めることでもある。

　萱野小の取り組みは、自尊感情が様々な理由から低い子どもたちをエンパワーすることを出発点にしているが、そういった子どもたちの自己イメージを変えるには、周りの子どもたちの力が不可欠なものとしてある。

　こうした人間関係づくりは、近年注目されているソーシャルスキルやコミュニケーションスキルの学習とは異なる「深い」つながりである。それは見知らぬ人との間に結ばれる浅い人間関係ではないがゆえに汎用性が低いとも言える。いわばよく知った仲間内だけで通用する「力」かもしれない。その一方で相手を選ばず、互いに相手の「強さ」も「弱さ」も受け止める。役に立つ意見を言うからクラスメイトとつながるのではなく、つながることが先にある。むしろ理解しがたい（意味のないように思える）コメントに出会ったとき、「○○ちゃんはこういうつもりでこう言ったんじゃないかな」と相手の立場から肯定的に言葉を理解しようとする。一見わかりにくい他者の

「思い」によりそう力が育まれている。それが子どもたちに安心感を与え、学びを支えているのである。他者や自己、ものごとに対する肯定的な見方、信頼、安心感などを低学年から積み重ねることで得られる力は、新たな人間関係を築くとき、自分と考えや立場の異なる人と接するとき、大きな手助けとなるのではないだろうか。

仲間や地域の人々から受け取った「思い」を社会参加につなげる

　萱野小学校の取り組みでは、地域に何かを発信したり、地域貢献活動に至る前に、地域をよりよくするために真剣に取り組んできた人、社会のなかで差別を受けながらも強く生きてきた人、様々な悩みを抱えながら学校に通うクラスメイト等々、具体的な「思い」を持った人に出会っている。それは「マイノリティ」と呼ばれる人々や、かれらとつながり社会活動を行っている人々であることも多い。その「思い」とは、厳しい社会の現実のなかを強く生き、また社会をよりよくしていこうという気持ちである。

　子どもたちは、「さまざまな出会いや教材、活動を通じて受け取ったり実感したりした思いを、自分の生き方につなぐ」取り組みを積み重ねてきた。そうすることで、地域住民の多様な思いや境遇に思いを重ね、皆が輝ける地域づくりへと目を向けるようになっていった。出会った人々の「思い」を受けとめ、共感を深め、皆で考える問題として引き受ける。それは、社会の周縁にいる人々の声を私的領域（個々人が対処する問題）から公的領域での議論に開くことでもある。子どもたちは、人権問題を抽象的な議論として論じるのではなく、具体的な「思い」を持った人への共感から自分たちがかかわるべき問題として受け止めるのである。このことが社会参加を教師や大人から「やらされている活動」でも「かわいそうな人のためにやってあげる活動」でもなく、「自分たちの活動」にしているのである。こうした取り組みは、時に私的な思いやりネットワークとしてのボランティア活動を超え、社会のあり方自体を問い直し、新たな価値を生み出す契機にもなる。

第 5 章　人権教育に基盤を置いた市民性教育－萱野小学校の実践

「あたためあう関係」の「知」的側面

　また「あたためあう関係」には、「人間関係づくり」といったどちらかというと「情」に関わるものに加えて、自分とは異なる視点や考え方も感じ方を提示してくれるという「知」に関わる側面がある。他者からのコメントは子どもたちの世界を広げ、読みを深める「気づき」のきっかけになっているのである。

　私たちはそれぞれ異なる人生を背負って生きていて、ものの捉え方も感じ方も異なる。それは誰の考えが正しくて誰の考えが間違っているという類のものではないし、教師が正答を持っているわけでもない。特に価値観が多様化している現代社会においてはそうであろう。私たちは他人の言葉をもとにして自分の言葉を作り上げ、考えを深めていくものである。自分の中に他人の言葉を取り込んでそれを噛み砕くことが、私たちの言葉を豊かにする。子ども一人の経験からは生まれてこない考え方や感じ方を友だちや大人のコメントは提供してくれる。子どもたちは複数の目を自らの中に住まわせることができ、人や社会を見る力を広げているといえるだろう。「あたためあう関係」のなかで、子どもたちは、自分の経験を深めてくれる他者（友だち、教師、地域住民等）と出会い、それまでの一人の経験からは生まれてこない新しい経験を積み上げる。そうして子どもたちが共同で紡ぎだした知恵をもとに、社会参加が図られる。

　ここでいう「あたためあう関係」の「知」的側面から想起されるのは、第3章で見たお茶の水女子大学附属小学校の「市民」科である。教室内に議論の場をつくり、子どもたち一人ひとりが事実をもとに意見を持ち寄り、仲間の意見を「排除せず」に、時に取り込んで自らの意見をより豊かにしようとする実践が進められている。興味深いのは、同校の実践は安心感や信頼関係といった「情」的なつながりを前提としておらず、また私的な問題を議論に持ち込まず、子どもたち一人ひとりが自分の調べた「事実」だけを頼りに議論に参加している点である。その学習空間は、他者から区別された自己の「唯一性」と「複数性」が保障される場として公共領域を捉え、人は属性ではなく何を語り何を為したかによって認められるべきであるとするアーレン

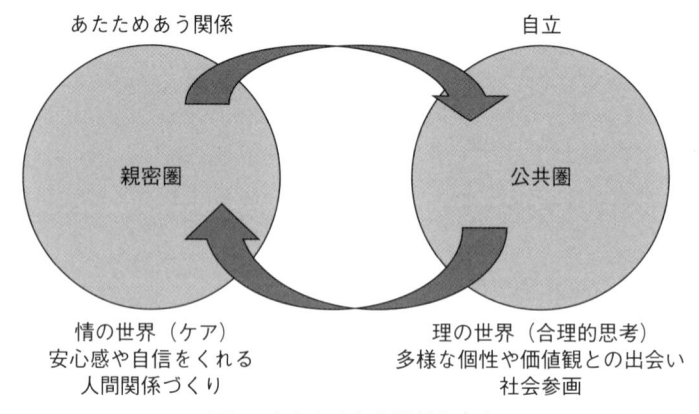

```
          あたためあう関係              自立

              親密圏                  公共圏

       情の世界（ケア）          理の世界（合理的思考）
       安心感や自信をくれる        多様な個性や価値観との出会い
       人間関係づくり             社会参画
```

図3　あたためあう関係と自立

トの主張と重なり合う。公共領域は、多様な声が行き交い、つながりあう場としてある。

　しかし、公共領域での個人の卓越をめざすアーレントとは異なり、萱野小の実践は、通常私的領域の問題とされる「あたためあう関係」という親密で安心できる人間関係を前提にしており、それによって、公共領域への参画が担保されている。「あたためあう関係」によって、子どもたちは公共領域へ参画する意欲と動機づけを高めている（図3）。

社会への参加－適応→貢献→変革

　社会とのつながり、これが萱野小の目的地である。学力にしても、単にペーパーテストの点を高くすることではなく、特に社会的に不利な立場の子どもたちに対して世の中で「うまくやっていく」ことが出来る力をつけることが使命としてある（人権としての教育）。それは社会に〈適応〉するための教育という側面を有している。

　ただそれは常に「あたためあう関係」のなかにある（人権を通じた教育）。それは元気づけあって共に社会に立ち向かうことであり、同時に自分とは異なる意見や考えに出会うことである。「あたためあう関係」を通じて〈適応〉は〈貢献〉へつながっていく。それは自分だけが世の中でうまくやっていけ

ればよいのではなく、他者の抱えている困難は自分にも関わりのあることであり、共に解決をめざすべき問題であると認識することである。かれらが地域社会の問題を他人事ではなく自分たちの問題として取り組むことができるのは、自他に肯定的なまなざしを向けられる集団づくりが基盤にあるからであり、さらに地域社会からあたためられて育ち地域社会に愛着を持っているからである。仲間の「いいところ見つけ」や他者の「思い」に自分を重ねるといったことは、公的な問題を扱う市民性教育とは無関係な私的領域の話にも思える。しかし公的領域に参加していくためには、私的領域でケアされ蓄積された自己および他者への肯定感が必要である。皆から認められることで、社会に参加する力をもらうのである。

　こうした「あたためあう関係」を前提としない場合、仮に子どもの自己有用感が高かったとしてもその取り組みは、個人主義的な〈自己実現〉にとどまる恐れがある。社会への関心が持てなかったり、仮に持っていたとしても他者への共感を欠いた状態で、いわば「上から」の目線で問題解決を図ることにもなりうるということである。

　そして「あたためあう関係」が、自分とは異なる意見・価値観を持つクラスメイト、地域住民との出会い・意見の交換を通じた批判的思考を担保していることにより、〈適応〉―〈社会貢献〉から〈変革〉への道筋が用意される。前者は所与の社会の維持が焦点化するのに対し、後者は社会の枠組み自体を変えていくことをめざす。例えば普段何気なく通っている道路も車いすの人やベビーカーを押す人には障壁になることもあることを聞き取りを通じて知り、その事実を発表していく。それは人権の根づいた社会づくりに向け協働すること（人権をめざす教育）である。

5.「あたためあう関係」を基盤に社会参画する子どもたちを育む

　本章では萱野小の事例をもとに人権教育に基盤を置いた市民性教育について検討した。萱野小では、学習機会の保障という観点（人権としての教育）から所与の社会で力強く生き抜くための学力形成がめざされている（〈適

応〉)。しかしそれだけでなく、人権が保障される社会づくりのために自分の力を信じ行動する子どもたちの育成もめざされている。〈適応〉だけでなく〈変革〉が、〈自己実現〉だけでなく〈貢献〉が同時に追求されている。

　萱野小の実践が、市民性教育に示唆するのは「あたためあう関係」の必要性である。「あたためあう関係」は公的な問題を扱う市民性教育とは無関係な私的領域の話にも思える。しかし本章で示したように、私的な問題こそが人々を社会参加に向かわせる動因となり、また人権に満たされた社会づくりの根拠となるのではなかろうか。「あたためあう関係」に支えられた市民性教育は、マーティン（訳書，2007）のいう新しい市民性＝「社会全体の中で国内／家庭の平穏を保障すること」の涵養を促すだろう。それは家庭＝私的領域が大切にしてきた「ケア・関心・結びつき」の価値を社会全体＝公的領域に拡大することでもある。

　ただし人の「思い」を扱うことは、知的な学習を妨げる恐れもある。それは「○○しなければならない」だとか「私もがんばらなければいけない」といった単性的なメッセージにもなりうるからである。「仲間と共に学びあう」といった類のスローガンはしばしば学校現場に見受けられるものだが、その多くはこうした情緒的なつながりをさしていることが多いのではないだろうか。清水（1999）は、「総合的な学習」の先進校でのエスノグラフィーにおいて同様のことを記述している。仲間とつながることが、または地域の人々とつながることが、教室から多様性を奪うのであれば本末転倒である。相手を受け止めながらも、それをどう自分の言葉としていくかが問われるのである。

第6章　市民性教育の類型化と人権教育

　これまでの章を通じて、市民性教育の代表的な実践例を概観してきた。本章では、諸実践を意味づけし、見取り図を描くために、補助線を引いてみたいと思う。

1. 守る公共性と創る公共性

　水山（2008）は、シティズンシップを「守る」/「創る」に区分けしている。かつての「公」と「私」の関係は、どちらかが強くなればどちらかが弱くなる、すなわち「公」が強ければ「私」の自由は制限されるし、「私」の自由が強ければ「公」の問題は軽視されると考えられ、私たちはその時々の「公」/「私」の力関係に適応していくことが求められてきた（守る公共性）。しかし、今日所与の社会に順応していくだけでなく、新しい公共性を創っていく視点が求められるという（創る公共性）。水山は、守るべきものとしての民主主義や公共性を知識として教えるだけでは不十分で、若者たちが「新しい公共性と新しい民主主義をつくる過程に参加することであり、自ら社会をつくり変えられるという有能感を獲得すること」をシティズンシップ教育で大切にしなければならないと述べている。水山の言う「守る」とは所与の社会に適応するとともに社会を維持していくことであり、「創る」とは公共性や民主主義のあり方を論じ、行動することである。個人化・多様化する社会に対して、かつてあった同質的コミュニティに回帰しようとするのが「守る」シティズンシップで、多様性を活かした社会づくりを求めるのが「創る」シティズンシップだということもできるだろう。

　同じく水山（2010）は、学習の「範囲」と「活動」形態により、次のような図式を提示している（表1）。

表1 シティズンシップの「範囲」と「活動」(水山, 2010)

活動＼範囲	狭いシティズンシップ 国家や地方政治を支える投票者（有権者）個人としての市民性の育成	広いシティズンシップ コミュニティに変化をもたらすことに能動的に関わろうとする公共人としての市民性の育成
静的シティズンシップ 知ることによって学ぶ教養的なシティズンシップ	国政や地方政治に関する政治的教養、政治に関する知識理解　日本国憲法の精神、議会制民主主義のしくみ	個人的には解決することのできない社会な対立状況（国政や地方政治に関する公的な課題のみではなく、グローバルな問題や私人間の争いといった行政府の枠を超えた公共的な課題をも含む）に関する知識・理解、自由や平等の理念やデモクラシー
動的シティズンシップ 為すことによって学ぶ実践的なシティズンシップ	政治的権利の行使としての選挙・投票、政治的な活動	コミュニティにおける問題解決　コミュニティ活動への参加

2. 市民性の4類型

　水山の「守る」/「創る」の補助線は、取り組みが、批判的思考や社会をよりよくしていくための知識や意欲などが含まれているか否かと言い換えることが出来るだろう。以下、この補助線をもう少し微分してみたいと思う。図

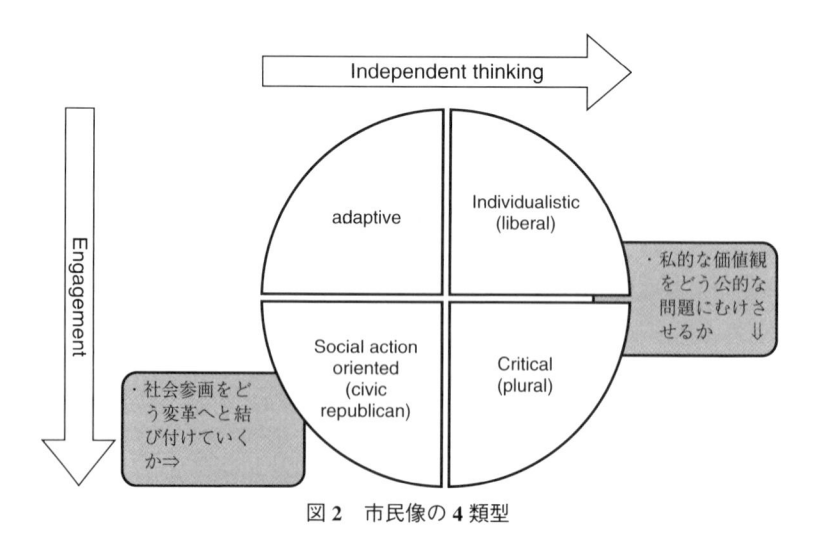

図2　市民像の4類型

2は、2009年2月22日、大阪教育大学で行われたシンポジウム「シティズンシップ教育とその展望」でのAbs, Hermann Josef氏の講演をもとに筆者が再構成したものである。カッコ内の liberal, civic republican, plural 及び、四角内のコメントは筆者の理解のもとに付け加えた。縦軸は、公共領域に積極的に関与するかどうかをもとにしている。横軸は、所与の社会に合わせて生きようとするか、個人として自立し、社会の中でいかに自己を生かしていこうとするかをもとにしている。

　左上の adaptive＝適応型では、所与の社会の価値を内面化し、つつましく生きる市民が想定されている。法に従い、きちんと働き、税金を払う、いわゆる「善良な市民」である。徳目注入型の道徳教育やサービス・ラーニングの章でみた「モラル型」はこれに相当するだろう。

　左下の social action oriented＝社会参画志向型は、適応型よりも積極的に社会活動にかかわり、社会に貢献しようとする。貢献に結びつく行動が重視される一方で、必ずしも「頭を使う」ことはない。「ふりかえり」のないサービス・ラーニングや愛国心教育がここには当てはまるだろう。Abs 氏に、愛国心教育は図のどこに当てはまるのかと質問したところ、下の2分類を3分類にし、左から「愛国心」「社会参画志向」「批判的」ではないかという答えであった。これは第2章で述べたシヴィック・リパブリカン型と重なり合う。

　「適応型」と「社会参画型」の二つは、所与の価値を内面化する市民性である。また社会構造の問題に目を向けない市民性である。両者には、必ずしも「頭を使う」ことは求められない。すべきこと、してはいけないことは予め決められているのだから、後は社会に貢献しようという意欲を高めるだけである。また個人の権利よりも社会に対する義務が強調される。社会のために積極的に行動しようと思う分、社会参画型の方が適応型より所与の社会に貢献する市民であるといえるかもしれない。第3章で見た品川区の小中一貫校の市民科は、取り組みに応じて左象限のどこかに位置付けられるだろう。

　右上の individualistic＝個人主義型は、リベラル型に近く、権利と義務を理解し、個人として賢く生きる市民である。この市民のイメージには、置か

れた立場を異にする二つが想定される。すなわち、新自由主義の社会をうまく生き抜いた「勝ち組」のエリートと、社会に包摂されるために基礎学力やコミュニケーション能力をつけなければいけない「社会的弱者」である。「よのなか科」などは、ここに位置づけることができるように思われる。以上3つの類型は、立場こそ違えども、所与の社会を前提としている点では、似た面をもっている。それぞれが、今日の新自由主義的な社会情勢において選択された諸戦略であるといえるだろう。

　それに対して右下の critical ＝ 批判型は、社会を批判的に捉え、変革を志向する。それは社会から切り離されたモラルやスキルを個人個人が身につけることではなく、フレイレの言う「省察と行動＝実践 praxis」（訳書，1979）によって社会の歴史的過程に参加することである。それは世界を読み解き、参加し、つながるための力＝「批判的リテラシー」として、私たちが世界を再構築していくためのツールとなるのである。学習は、「実践による現実への批判的介在」としてある。人権教育に基盤を置いた市民性教育は、ここを目標としていると位置づけることができるだろう。

　市民性教育で必要とされる知識は、現実の今に問題を見出し、それを解決していくための「目的」と結びついた知識である。しかも単に所与の社会に適応するスキルを身につけるだけでなく、具体的なグローバル社会・多文化社会の問題を知り、社会の在り方自体を問い直す集団的実践に参加しなければならない。したがって、市民性教育に求められるのは個人としての道徳的・能力的卓越ではなく、むしろ共同で集団の問題を読み解き、その解決を図る活動への参加であり、それを可能にする知識であり、それを学習者の権利として捉えることである。より具体的な学習論については、第7章、第8章に譲りたい。

　私たちが向かうべき方向が批判型であるとするならば、問題は、そこに到達するための道筋であろう。具体的には、左象限から右象限への移行では、「社会参画をどう変革に結び付けていくか」が問題であり、上象限から下象限への移行では、「私的な価値観をどのようにして公的な問題へと結び付けていくか」が問題となる。

「社会参画をどう変革に結びつけていくか」については、ボランティアという人々の善意やコミュニティへの参画が、新自由主義的な風潮と親和的であり、これまで福祉国家が行ってきたことの肩代わりにすぎないといった批判が想起される（渋谷，2003，仁平，2005）。ここでは公的な問題として扱われるべきことが、私的なネットワーク（ボランティア）によって対処療法的に解決される（もしくは、そうしてネットワークに恵まれず、放置される）。これに対し、例えば小玉（2003）は、ボランティア学習（サービス・ラーニング）を脱政治的であると批判し、公共的な問題にコミットし、その解決を図る米国のパブリックワークを紹介・提唱する。そうすることで、個々人の私的な困難を社会問題化し、集団的な解決が図られるのである。第5章でみたように、サービス・ラーニングをめぐる議論でも同様のことが生じていた。「体験しただけ」のサービス・ラーニングと「省察のある」サービス・ラーニングの違いである。

第5章でみた萱野小の場合、その契機は、さまざまな地域住民との出会いのなかにあったように思われる。かれらは「さまざまな出会いや教材、活動を通じて受け取ったり実感したりした思いを、自分の生き方につなぐ」取り組みを積み重ねてきた。そうすることで、地域住民の多様な思いや境遇に思いを重ね、皆が輝ける地域づくりへと目を向けるようになっていった。

「私的な価値観をどのようにして公的な問題へと結び付けていくか」に関しては、萱野小の場合、地域とのつながり＝「あたためあう関係」が決定的に重要である。かれらが地域社会の問題を、他人事ではなく、自分たちの問題として取り組むことができるのは、地域社会からあたためられて育ち、地域社会に愛着を持っているからである。「あたためあう関係」は、公的な問題を扱う市民性教育とは無関係な私的領域の話にも思える。しかし、公的領域に参画していくためには、私的領域でケアされ蓄積された自己および他者への肯定感が必要である。皆から認められることで、社会に参画する力をもらうのである。

こうした「あたためあう関係」を前提としない場合、仮に子どもの自己肯定感が高かったとしてもその取り組みは、個人主義的なものにとどまる恐れ

がある。社会への関心が持てなかったり、仮に持っていたとしても、他者への共感を欠いた状態で、いわば「上から」の目線で問題解決を図ることにもなりうるということである。

3. 市民性教育の基盤にある人権教育

　人権教育に基盤を置いた市民性教育は、多様な人々の声、特にマイノリティの立場にある人々の声に耳を傾け、公共的な議論に付し、より多様な生き方が保障される社会づくりに参画していく市民を育成することである。そのためには、自己を認め、他者を認め、物事を肯定的にみる習慣を育む「あたためあう関係」は不可欠である。同時に、他者の声を受け取りそれに応答していく場として、地域住民との交流や地域社会参画型の授業は欠かせない。さらには、世の中で何とかやっていくための基礎学力の保障も欠かせないだろう。

　第3章で紹介した品川区の「市民」科におけるソーシャル・スキルの学習と「よのなか科」の学習が大阪の人権教育の文脈に載せられたとき、どういう違いを見せるのか、以下で見ていきたい。そうすることで、人権教育の意図するところがより明確になるように思うからである。

松原七中の「人間関係学科」

　松原第七中学校は、1970年代に創立された生徒数250名ほどの中学校である。平成15年から文部科学省の研究開発の指定を受け、週1時間の「人間関係学科」の授業づくりに取り組んだ。人間関係学科は、不登校を予防する学校づくりの手段として開発されたものである。指定が終了した現在も、人間関係学科は継承されている（西井ほか，2013）。

　松原七中では、創立当初から人権教育の観点から国際理解（多文化共生）教育が取り組まれてきた。人権教育の4側面に当てはめると、七中の取り組みは、①基礎学力保障、②国際理解、③集団づくり、④ボランティアなど地域活動への参加に具体化されている。人間関係学科は、直接には③を深化さ

せたといえるだろう。いくら人権の知識を学んでも、教師が高圧的であったり、普段生活している学校が安心して学べる場でないならば人権教育とは言えない。お互いを尊重し、思いを聴きあう学級集団づくりは、七中において以前から取り組まれてきたことではあるが、そこに具体的な技法（スキル）を導入することで生徒と生徒、教師と生徒のコミュニケーションがより「やわらかい」ものになっていったという。人間関係学科におけるソーシャル・スキル・トレーニングは、仲間とつながり、安心して学び生活できる場を生み出すための技法の習得なのである。

　また、ますます私たちの社会がコミュニケーションのスキルを求めるようになってきていることを考えると、それは子どもたちにとって生きていくための基礎学力の一つとなりつつある。すなわち人間関係学科は、①「人権としての教育」の側面も持っている。うまく自分の想いを伝えられなかったり、感情をコントロールできないために、社会でうまくやっていけない若者に、ソーシャル・スキルという「鎧」を身に着ける取り組みである。またこの「鎧」は④「人権をめざす教育」の側面、すなわち社会に参画し、人権文化を創造していくためのスキルであるともいえる。人間関係学科は、いわば人権教育の理念に一つのかたちを与えてくれたのである。

　ソーシャル・スキルの学習は、世の中の矛盾を問うたり批判するのではなく、子どもたち一人ひとりの「心」と「スキル」を鍛え、社会の矛盾のツケを子どもたちに払わせるような学習にもなりうる。しかし、子どもたちや地域の現実に学び学校を創ってきた七中が学校や社会の矛盾から目をそらし、子どもたちの個性が排除され、多様なつながりが失われることはなかった。子どもたちは自分の感情を内に溜め込み、学校への同化を強いられることもなかった。人間関係学科は、子どもたちを孤立させたり、画一性を強いるのではなく、仲間とつながり、一人ひとりの個性を大切にし、社会に参画していくための作法／技を身に着けさせることに成功している。

　品川区「市民」科も松原七中の人間関係学科も、子どもたちが世の中を生き抜いていくための「実学」として、ソーシャル・スキルの学習を採用した点は同じである。品川区の「市民」科のソーシャル・スキルの学習は、所与

の社会への適応が目的であった。これに対して、松原七中の人間関係学科は、人とつながることが苦手な子どもたちに、社会にかかわることが苦手な子どもたちに、つながるための力を与え、それによって自分の想いを伝えたり、他者の思いを知ったり、より広い社会にかかわっていく力を育んでいるのである。社会に適応するだけでなく、社会に自分の声を届ける手段としてもソーシャル・スキルはあるわけである。

人権教育版「よのなか科」

　東京で始まった「よのなか科」は、仕掛け人の藤原和博氏が、大阪府の特別顧問に就任したことにより、大阪の人権教育に「移植」された。移植先は、府立柴島高校である。柴島高校は、創立以来、「一人ひとりの違いを認め、互いを尊重し合える人間関係の中で、自分の持てる力を最大限に伸ばすこと」を教育の柱として歩んでいる学校である（成山ほか，2010）。「お互いの違いを認め合い、お互いを受け入れ、自己肯定感を高め合うことを『リスペクト』」という言葉で表している。お互いが自分のしんどさや想いを理解し合い、それらを心から受け止められるクラスづくりが教育の中心にある。

　そこで「よのなか科」は、違いを認め合うためのスキルを育てる手助けをしているようである。人権教育は、しばしば人権問題の「正解」を教えようとしてきたが、「よのなか科」が示唆するように現代社会において正解は教えてもらうものではないし、一つであるとも限らない。「納得解」とは、仲間の生き方や想いに応答して生まれた一人ひとりの答えである。焦点が多文化社会を生きる知恵を育むところにあった「よのなか科」は、違いを認めることで仲間とつながる作法へと拡張されているといえるだろう。

4．人権教育にとっての市民性教育

　これまで述べてきたように、市民性教育は、人権教育に基盤を置くべきだというのが筆者の主張である。それは、自己を認め、お互いを認め、ものごとを肯定的にみる「あたためあう関係」を前提にして、社会をよりよく変え

ていく過程に参加する市民の育成である。「よりよい」とは、より多くの人が、すなわち社会的マイノリティの人々が多様な生き方を認められる社会のことである。そのためには、社会的マイノリティの人々と出会い、その思いを受け取り、それに応答することが求められるだろう。また、厳しい現実社会を生き抜くための基礎的な力を育むことも同様に大切である。

　では、逆に、人権教育にとって、市民性教育が示唆するものはなんであろうか。平沢（2011）は、「同和教育」を中心に展開してきた流れが、1990年代半ばごろから次第に「人権教育」という総称で呼ばれるようになり、それが今「市民性教育」という新たなステージに移行しつつあるという。それぞれの場所で反差別・人権の取り組みを行ってきた様々な立場、分野の人々が、市民性という普遍的な視点で対話していく必要性を説いている。市民性教育は、それまで個々のマイノリティ集団が「自分たちのため」に行ってきた「反差別」の取り組みを、多様な人の生き方が保障される「人権文化の構築」へと移行させるものであると位置づけられる。差別を許さない教育は、もちろん大切ではあるが、実際の教育現場ではしばしば教条主義的で子どもたちには「押し付け」に感じられる恐れがある。そうではなくて、多様な人間の存在・生き方に気付き、それを認めることのできる社会づくりの方へ重点が移ってきたのである。

　そのためには、より普遍的に議論するための「ことば」が必要である。差別の現実に学んできた同和教育・人権教育であるが、被差別の人々から受け取った「思い」を普遍的な言葉に変換し、社会づくりにかかわっていくための知識やスキル、社会を生き抜いていくための知識やスキルが求められるようになってきた。市民性教育は、その思いを形にする枠組みを提供してくれたといえるのではないだろうか。先の松原七中のソーシャル・スキルなどはその一つの例である。

　同和教育・人権教育は、これまで差別に負けずに強く生きる人たちの思いを、子どもたち同士がつながり、自尊感情を高めることに結びつけてきた。今日、それに加えて社会をよりよく変えていこうとする市民の育成、すなわち人権をめざす教育が求められている。

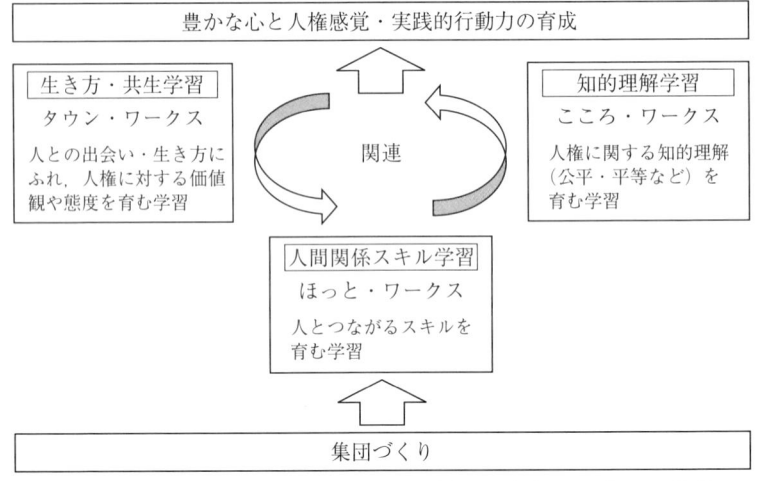

```
┌─────────────────────────────────────────────┐
│     豊かな心と人権感覚・実践的行動力の育成     │
└─────────────────────────────────────────────┘
                    ↑
┌──────────────┐                  ┌──────────────┐
│ 生き方・共生学習 │                  │   知的理解学習   │
│  タウン・ワークス │      関連       │ こころ・ワークス │
│ 人との出会い・生き方に│  ⟲    ⟳   │ 人権に関する知的理解 │
│ ふれ，人権に対する価値│              │ （公平・平等など）を │
│ 観や態度を育む学習 │              │ 育む学習       │
└──────────────┘                  └──────────────┘
              ┌──────────────────┐
              │ 人間関係スキル学習 │
              │   ほっと・ワークス  │
              │ 人とつながるスキルを│
              │    育む学習       │
              └──────────────────┘
                     ↑
              ┌──────────────┐
              │   集団づくり   │
              └──────────────┘
```

図3 布忍小学校の人権教育取り組み図（成山・志水，2011）より作成

　大阪松原市の布忍小学校では、それまで取り組んできた人の生き方に触れ、人権感覚を育む人権総合学習「タウン・ワークス」を発展させ、3つの「ワークス」からなる人権教育に再構築している（成山・志水，2011）。

　知的理解学習「こころ・ワークス」では、法教育に学びながら、自由や平等や権力、公平といった概念をもとに、社会のあり方、人権の具現化等について学習している。人間関係スキル学習「ほっと・ワークス」は、すでに紹介した同市内の松原七中の取り組みに学び、つながるための人間関係スキルを習得している。

　お茶の水女子大学附属小学校の「市民」科が危惧するように、受け取った「思い」は、そのままでは必ずしも公的な議論につながってはいかない。身近な人間関係にとどまり、思いやりのある人間を育てることに主眼が置かれがちである。もちろんそれは不可欠な視点ではあるが、人権教育は、「心」を育むだけではなく、社会をつくるための知識・スキル・態度を育むことが求められている。社会の矛盾や不正義を情的にだけでなく、知的に理解することが必要である。受けとった思いに応答する、そのための枠組みとして、市民性教育はあるのだろう。

第7章　市民性教育の学習論①

　授業づくりの観点からすると、市民性教育は、チョーク＆トークの教師主導の伝統的な一斉授業のあり方を打破するものとして位置づけることができる。本章では、学習論のなかに市民性教育を位置づけるための基礎的な考察を行いたい。

1. モノローグ的な授業

　学習とは、本来生活世界の課題を解決するために、または将来的に解決する力を付けるために行われるものだと考えられる。学校では、学校外で単に生活しているだけでは獲得できない知識を獲得することができ、それによって生活を向上させることができる。社会全体から見れば、それが社会の「進歩」につながるというのが、学校が生み出された大きな理由の一つであろう。しかし今日こうした生活世界から学校の学習課題が浮き上がり、つながりが希薄になってきていることは、多くの論者の指摘するところでもある。
　例えば数学で、生徒たちが文章題が苦手だというのは、学校学習の閉鎖性を端的に示している。しばしば文章題は応用問題だといわれるが、数学そのものの問題としての難易度が高まるわけではない。数学的知識を生活場面に適用できるか否かというだけである。多くの生徒たちにとっては、学校学習と生活世界の関係が切れているので、単なる計算的手続きならできるが、それを自分たちの生活のなかで使うものとして理解していないのだ。
　社会科でしばしばみられる教科書と穴埋めプリントによって展開される授業になじみのある方も多いのではないだろうか。学習がプリントの穴に集約された、極めてモノローグ的な授業であると言えるだろう。そこには曖昧な答えはなく、誰にとっても同じ解答が求められる。私はこう考える、あの人

はこう考えている、といった場面とは正反対の風景である。そこでは教師によって決められた重要事項を教科書から正しく書きとってくることが求められる。学習課題への取り組み方は予め決定されているので、どんな社会文化的背景の生徒が学習しようが、それは問題とならない。学習は誰にとっても同じだからである。社会が一つの理想に向かって「進歩」していると考えられていた前期近代においては、学校学習は進歩についていくための手段だったかもしれない。しかし、今日の多文化化する後期近代社会においては、学習者の社会文化的背景と学習内容の関係を問い直すことが求められるだろう。

　学校学習は、具体的な思考よりも一般化可能な抽象的な思考を求めるが、このことが学校学習を生活世界から切り離すこととなった一要因と考えられる。結果として学校で学習することは、学校内でのみ通用する通貨として理解されるようになった。その通貨は、持っていることで学校生活をやりくりすることができるものであり（学校的課題を解くことができ、有能感を得ることができる）、同時により上級学校への進学を約束する価値を持つものでもある。

　授業において、生徒たちは様々なことを放棄している。学習課題のマネージメントをはじめ、何が学ぶ価値のあることなのかを決定すること、学習課題から意味を生成すること。これらを皆教師に任せているのだ。生徒にとって学習とは受け取ることであり、意味を生成することではない。意味を生成することが学習であるとすると、学習しているのは教師の方なのだという逆説がここにはある。

　また、学習はいくつかの意味でモノローグを志向している。すなわち（意味が生成されるのではなく）予め定まった知識がやりとりされる、（学校外との往還が切れ）学校的課題に閉じられている、（意味を探究する側面ではなく）受験のための学習の側面が突出している、（情緒的にのみ他者がいて）認知の過程に他者がいない、といったことである。

　生徒たちは学習対象に働きかけることによって意味を生成していくことよりはむしろ、教師が意味を生成して届けてくれるのを待つ。自らが考えるこ

とよりも、正しいと認定されたものを得ようとするのだ。フレイレ（訳書, 1979）によれば、学習とは世界を読み解くことだが、生徒たちは世界を読み解くことを放棄し、教師に委ねているのである。自分たちが世界を読み解く＝意味を生成する過程に参加することが学習であるとは考えていない。

ヴィゴツキー（訳書, 2001）は、学校で学習する「科学的概念」と生活のなかで身につける「日常的概念」の弁証法的関係が、学習を高次のものにすると指摘している。

　下から上への自分の発達の長い歴史を歩んだ生活的概念は、科学的概念の下への成長の道を踏みならす。なぜなら、それは概念の低次の要素的特性の発生に必要な一連の構造を作りだしているからである。同じように、上から下への道程のある部分を歩んだ科学的概念は、そのことによって生活的概念の発達の道を踏みならし、概念の高次の特性の習得に必要な一連の構造を用意する。科学的概念は、生活的概念を通じて下へ成長する。生活的概念は、科学的概念を通じて上へ成長する。

しばしば学校教育では、この往還の環が切れているのである。そのために学習が学校空間でのみ流通するものになり、学校外とのつながり（＝意味）を失い、何のための学習なのかが受験との関係のみで語られることになった。「テストに出るぞ」といわれたものが学ぶべきものとして受け取られる。教師の評価対象になるものが学ぶ価値のあるものだと考えられている。ブラウンら（訳書, 1992）は、学校内学習は「真正」の活動に対して「模造品的」活動であると批判する。「本物の活動が教室に持ち込まれるときにその活動の文脈は必然的に姿を変える。すなわち、教室での課題、学校文化の一部となるのである」と。同様に上野（1992）も学校で算数を学習する／しないということは、学校でのみ通用する言語ゲームへの参加／不参加にすぎないのではないかと指摘する。それは、予め教師によって世界が加工され、「他者性」を剥奪されており、それが子どもたちに消費されるのだということを意味している。

この問題意識からメーハン（Mehan, 1979）が提示したものの一つが、いわゆる授業の「IRE 構造」である。IRE 構造とは、授業を組織するパターンとして見いだされたもので、次のような循環によって授業が組織化されているという。すなわち、授業はまず、教師主導の問い・指示から始まる（Initiative）。続いて生徒の応答がされる（Response）。そして生徒の応答は、教師の評価によって意味を確定される（Evaluation）。この一連の過程を IRE 構造として示したのだ。

　こうした教室においては、個別学習の時はもちろんだが、生徒同士で共同で学習している場合でも、そこには認知的には「他者」がいない。いるのは励まし合う友人として情緒的に存在する他者だけである。認知的な「他者」とは、自分とは異なる考え・発想を持つ者のことであり、そうした「他者」の「声」によって個人は自身がそれまでにもっていた考え方・発想を練り直し、新しい、より深い理解を得ることができると考えられる。

　こうした授業のモノローグ性を脱するために、以下では、まず学習や学校学習がどのように意味づけられてきたのかを概観する。そして、エンゲストロームの活動システム論に注目することで、市民性教育を個人の知識やスキル獲得の問題としてみるのではなく、共同のプロジェクトして捉えることを示していく。

2. 行動主義から構成主義へ

　これまで「学習」を扱ってきたのは、主に心理学であった。ここでは学習者モデルがどのように理解されてきたかを振り返る。伝統的に心理学は、学習を人間個人の頭のなかで起きることとして捉え、実験室という統制された環境において、学習の脱文脈的・普遍的な説明をめざしてきた。

　心理学では、この 100 年の間、学習を理解する主流なパラダイムが変化を見せてきた。その流れは①行動主義→②認知主義→③構成主義／社会構成主義と示すことができるだろう。それぞれ前者を批判し、乗り越えようとするなかから生まれてきた理論であり、現在はこれらの理論が共存している状態

だと言える。

　行動主義は、学習を、外部からの刺激に対する人間の観察可能な行動変容であると見なす。外界からのある条件づけによって、個人の人間が何らかの変容を起こすことが外部から確認されれば、それが学習だと見なされるのである。その変容は刺激の反復によって強化される。しばしばS→R（刺激→反応）図式で表されるこの立場は、人間を環境に受動的に反応するだけの存在であると見なしていることが批判されることになった。

　認知主義は、行動主義が人間の内部の情報処理過程は観察不可能であるという立場に立ち、それを明らかにしようとしないのに対して、人間の内的な情報処理過程を明らかにしようとした試みである。認知主義は、学習を学習者個人の認知構造の変化であると見なす。人間は単純な知識の積み重ねや連合によってものごとを理解するのではなく、あるスキーマを持ってして理解するのだという考え方である。

　行動主義も認知主義も獲得される知識やスキルについては、人間の認識とは無関係に客観的に存在する対象であるという前提に立っていたので、主眼はいかにうまく伝達するかという教授法の精錬に置かれた。

　これに対して構成主義は、子どもの主体性を活かした学習を支持する理論として、教育学（特に教育工学）界で支持されるようになった。構成主義は、知識は文脈を越えて予めあり、それが伝達されると考えるのではなく、学習者が環境に働きかけるなかで構成されるという前提に立つ。学習者は知識の受取人ではなく、①主体的学習者（active learner）：知識と理解を主体的に獲得する②社会的学習者（social learner）：知識と理解を社会的に構成する③生成的学習者（creative learner）：知識と理解を生成／再生成する人であるとみなされる（Phillips, 1995）。

　構成主義は、学習者が環境に主体的に働きかけ、問題を解決していくことによって知識を構成していく過程を学習と捉える点で、行動主義や認知主義とは異なる。受動的学習者モデルから能動的学習者モデルへの転換とも言えるだろう。その背景には、知識に対する捉え方の変化があった。行動主義や認知主義では、知識を学習者と関係なく予め存在するものと捉えていた。誰

にとってもどんな場合でも変わらず在る脱文脈的な真理として知識は理解されていた。しかし構成主義では、学習者が自分で知識をつくりあげ構成していくことに主眼が置かれた。知識の正しさや価値は相対的なものであり、むしろ学習者が環境に働きかけることによって環境を変化させ、それぞれにとって有用なかたちに知識を構成するのである。教師が普遍的に「正しい」知識を学習者に伝達するのではなく、学習者の対象への積極的な働きかけが求められるのである。

　構成主義は当初、焦点を学習者個人に当てる傾向にあった。そのため行動主義や認知主義同様、学習を学習者個人の頭のなかのプロセスと見なしていた。上の②社会的学習者（social learner）：知識と理解を社会的に構成する人であることが考慮に入れられていなかった。ブルーナー（訳書，1993）はピアジェとヴィゴツキーを対照的に捉え、ピアジェの子どもの発達には他者がいないと述べている。ヴィゴツキー自身も『思考と言語』（訳書，2001）においてピアジェの自己中心的言語の捉え方を批判するなかで、ピアジェの発達論は子どもの自閉的思考という前提に基づいており、そこに社会的局面がないことを指摘している。ピアジェの発達モデルを採用する構成主義にも他者が希薄なのである。そこでは個人の環境への働きかけは強調されるが、個人が（他者を含めた）環境から働きかけられることについては見落とされがちである。

　こうした反省から、ヴィゴツキーなどから着想を得て構成主義から社会構成主義へと再定義し直そうとする流れがあり、知識が学習者間の共同により社会的に構成されるという視点が補強されつつある（菅井，2000）。

　しかしそれでもなお構成主義／社会構成主義は、とくに学校教育に取り入れられる場合、焦点を学習者個人に当てがちで、コミュニティ（学習の場）と学習者の有機的な関係やその変化を追うことができない傾向にある。その前提（上でいえば②）に反して、知識をともに構成していくはずの他者が捨象され、単なる一変数として処理されるようなモデルがしばしば見受けられる。構成主義では「他者」との〈交通〉の場は関心外にあるのである。

　そしてもう一つ、（社会）構成主義に希薄なのは、主体（学習者）の環境

への従属性である。主体の環境への働きかけを強調したために、それと同時に起きる環境からの拘束を軽視している傾向があるように思われるのだ。主体は単に環境を構成するのではなく、環境に構成される。ゆえに、主体は皆同じ白紙の存在ではなく、社会文化的な存在であるのだ。環境への従属性を軽視することは、結局のところ学習を抽象的な個人の頭の中に起きる普遍的な過程と見なす方向へと向かうのだ。かれらが用いる「学び方学習」・「メタ認知能力」（久保田，2000）という言葉は、はからずもこのことを示している。これらは文脈を離れた抽象的な能力であり、その存在は理念的にしかあり得ない。（社会）構成主義は、理念上は知識の起源を社会的相互作用に求めたにもかかわらず、そのアプローチはいまだに個人主義的なものにとどまっていると感じられる。学習を学習者の社会的関係や学習の場との関係を含んだものとして捉えようとするならば、焦点を個人から個人を含んだ場全体に移した学習論が求められる。

3. 文脈への注目①――学校学習の特徴

行動主義から構成主義まで、心理学は伝統的に、学習を人間個人の頭のなかに起きることとして捉え、実験室という統制された環境において、学習の脱文脈的・普遍的な説明をめざしてきた。たとえば、1960年代後半から1970年代初頭あたりまで、一世を風靡した「ティーチング・マシン」や「プログラム学習」における教授・学習過程の「最適化」などを挙げることができるだろう（佐伯，1985）。しかし近年では、学習は状況に依存しているということが言われはじめ、学習が起きる場と学習者の関係や場そのものへの注目が集まっている（レイヴ，訳書，1995）。これまで脱文脈的・普遍的だといわれてきた実験も、この立場からすれば、実験室に独特なかたちで状況に埋め込まれていると主張されることになる。今ここで多岐にわたるこの動きを網羅することはできないが、教室という場の特徴について着目した成果としてレズニック（Resnick, 1987）の研究を挙げることができる。レズニックは学校での学習を日常生活での学習との対照で示している。それは、Ⅰ（共有

された＝分散された認知に対する）個人的な認知、Ⅱ（道具の操作に対する）純粋な精神活動、Ⅲ（文脈にあてはめられた推論に対する）シンボルの操作、Ⅳ（状況限定的な＝依存的な能力に対する）一般化された学習の4点である。学校ではⅠ「ひとりで」、Ⅱ「計算機などの道具を使わずに」、Ⅲ「計算式や化学式などの操作を通じて」、Ⅳ「どこでも使える一般化できる能力」を獲得するという学習のかたちがあるというのである。

Ⅰ．学校では通常、子どもたちは与えられた課題を独力で（for oneself）解決することが求められる。例えば、算数の計算式を解くこと、教科書を読むことなど。他人の手助けを借りることは認められない。漢字がわからない子どもは本が読めないことになる。しかし日常生活では、私たちは課題を独力で解決することは非常に少ないのである。複雑な課題に対しては、私たちは他者との分業（協力）によってそれを解決する。日常生活では課題解決の過程から結果までをメンバーは共有することになるが、学校での学習課題はそれが全て個人の責任となるという特徴がある。

Ⅱ．学校での学習では道具の使用に制限がなされていることは改めて指摘することもないかもしれない。例えば算数の時間に計算機を使用することは通常認められていないし、歴史上の出来事は頭の中に暗記することを求められる。つまり「手ぶら」の状態での「能力」が求められるのである。しかし日常生活で私たちは多くの道具に依存して生活している。手元にある道具をわざわざ使わないで課題を自力で解決しようなどとはしない。

Ⅲ．日常生活での認知活動では、私たちはしばしば物理的な条件や事象を（それを表象するシンボルを利用せずに）直接に利用して推論をする。しかし、学校での学習ではそうした諸条件を参照することは認められず、純粋にシンボル（計算式や化学式など）を操作することが求められる。

Ⅳ．学校では一般的で、広く使えるスキルや理論的原理を学習することが

期待されている。そこにはある文脈から別の文脈への「転移」が起きるという前提がある。しかし私たちが日常生活で獲得するスキルや知識というのはそれが利用される状況に独特のものである。

これは学校で扱われる知識が普遍的なものではなく、学校という特殊な文脈に埋め込まれたものであることを意味する。つまり学校での学習の認知過程は、学校という社会文化的環境で構築されている独特なものであり、絶対的なものではないということである。

4. 文脈への注目②──学習障害は教室でつくられる

　マクダーモットらは、アダムという学習障害児（LD＝Learning Disability）であるとされる少年が、いかに「LD」として現代アメリカの教室に構築されているかを解いて見せた（Varene & McDermott, 1998）。
　アダムは小学3年生。読み書きが苦手で学習障害児であると見なされている。このアダムがいくつかの場面においてどのように「できない子」として構築されているのかが問題とされている。教室の場面では、アダムは学習が困難に見える。ペーパーテストを行えば、アダムの点は著しく低い。しかし読み書き以外では日常生活に支障があるようには見えなかった。
　マクダーモットらは、「障害」を説明する3つのモデルを区別する。一つ目は「障害」を標準からの欠如形態であると位置づける。つまり目が見えないのは光の欠如なので、光を補い標準に近づくことがめざされる。二つ目は「障害」を欠如としてではなく、独自の文化をもった差異としてみる。三つ目は文化体系が「障害」を露わにするとみなす。「障害」は文化的に構築されるものであり、他者との相互行為が「障害」や学習の失敗を形づくり、皆に見えるようにするのだ。一つ目と二つ目が何らかのかたちで本質的な属性を想定している、つまりアダムの側の責任を問うのに対して、最後のモデルは、「障害」は社会文化的につくられたものであり、問われるべきは、「障害」を「障害」として顕在化させる文化体系の側だと主張するのである。

このことを分かりやすく説明するためにマクダーモットら（Varene & McDermott, 1996）は、島民の 155 人に一人が「聴覚障害者」であった 18〜19 世紀のマーサズビンヤード島のエピソードを紹介する。島民は「聴覚障害者」であることは決定的な障害にはなっていなかったという。そこでは日常的に手話を用いており、「聴覚障害者」が仕事をはじめとした生活に「聴覚障害者」であるがゆえに困難を抱えることはなかった。島民に誰が「聴覚障害者」かと尋ねても、答えることができないくらい、彼らにとって「聴覚障害者」であることは無徴であったのである。このことは「障害」というものがある個人に属する属性であるというよりむしろその「障害」を有徴にする文化体系の存在を浮き彫りにするものであることを示している。したがって、私たちが通常、いつでも文脈に関係なく個人が何者であるかを言う（identify）ことができると考えているのとは逆に、場面場面により、何者であるかは異なるというわけである。例えばアダムのように読み書きが苦手な子どもは、テストの場面では決定的に「無能」であるが、日常生活では、読み書きができなくても支障がないことの方が多い。読み書きができる／できないということが問題となるかどうかは文化体系の違いによるのだ。

　こうした理解のもとマクダーモットらは、アダムの姿を 4 つの場面で観察した。そして「日常生活」→「放課後の料理クラブ」→「教室でのグループワーク」→「一対一のテスト」の順に、彼が有能さを失っていくことを見出した。この順にアダム個人の読み書き能力の低さが顕在化するように文脈が編成されているのだ。

〈放課後の料理クラブで〉

　アダムは本をすらすらと読むことができないので、放課後の料理クラブでもレシピを読み違えてバナナ・ブレッドを台無しにしてしまう。しかしマクダーモットはこの失敗をアダムの無能さに還元するのではなく、その場の相互作用の形に起因するものと見る。レシピがきちんと読めないことは料理の際に決定的な不利とはならない。レシピは仲間に読んでもらえばいいのだ。実際読んでもらえさえすれば、アダムはレシピ通りに料理を仕上げることが

できたのだ。そうした例として、アダムとピーターの見事な連携作業が記述されている。アダムはいきいきと積極的に活動にとりくむ姿勢を見せていたが、読むのは苦手。ピーターは恥ずかしがり屋で野球帽で自分の目を隠しているような子だったが、読む能力は非常に優れていた。二人は、お互い一人ではできなかってあろう作業をお互いの長所を活かすことによって成功させた。ピーターがレシピを読み、アダムがミルクを取って量り、ピーターがそれをボウルのなかに注ぎ、アダムがレシピを手にとって自分たちの成し遂げたことを誇らしげに読み上げる。二人は見事にケーキを作り上げることができた。

　しかし、ある時いつものペアではなく、大人たちが設定したペアで料理を作ることになった。子どもたちはそのペア分けに反対したが、認められなかった。アダムのパートナーは男の子と組みたくなかったドーンだった。アダムはドーンの助けを当てにすることができず、自分のあやしげな読みに頼らざるを得ず、四苦八苦した。最終的にアダムはドーンに自分がバター・アレルギーだということを説明して何とか一緒に料理をすることができた。

　さらにアダムにとって困難だったのは、ピーターがバナナ・アレルギーであったためにアダム一人がレシピの前に取り残されたバナナ・ブレッドづくりの回だった。様々な事情からアダムを助けてくれる者はいなかった。アダムはティースプーンとテーブルスプーンを読み違えたり、レシピの順序を間違えたりして、かなり奇妙なバナナ・ブレッドを作り上げてしまったのだ。

〈クラスでのグループ対抗クイズ大会で〉
　クラスが二つのチームに分かれてクイズショー形式で問題に答え、チーム間で得点を競い合うという場面があった。アダムははじめに「どの方向に太陽が沈むか」と問われ、「海？」と答えて間違えた。続いて他の子も「南」と言ったりして間違えた。それからしばらくして、二つのチームは二対一と競った状況になった。ちょうどアダムに順番が回ったが、アダムとおなじチームのレジーは自分の番だと主張し、「アダムはもうやった…できなかったでしょ…彼は、点を全然取っていない」と言う。しかしアダムが当てられ

「何ポンドが一トンになるか」という問題が出された。アダムが答えを考えているとき、おなじチームのレジーとヘレンは自分に当てろと大きな声を出して手を挙げている。逆にアダムはイスに身を沈め小さくなっていく。そしてアダムはこの問題に間違え、レジーたちはさらに大きな声で自分たちに当てるように要求する。しかし彼らも間違えるのだ。一方アダムはますます身を小さくして顔を埋めていった。

このことはアダムが間違えたことによって「できない子」としてあるのではなく、むしろアダムの最初の間違いだけに言及したり、答える順番を回さなかった他の子どもたちの行為によってきわだたされている。さらにこの場面が競争的であることがアダムの状況をより困難にしている。

また、別の場面では、他の子どもの「彼には難しすぎる問題だよ」という発言から、簡単な問題が与えられる。アダムは4つの数字を覚えて言うだけでよかった。その課題をクリアしたアダムは拍手喝采でクラスに迎えられた。こうしたこともアダムができないことを顕在化させているのだ。

マクダーモットらは、「アダムの困難は彼の頭のなかにあるのではなくむしろ彼を取り巻く人々にある」という。場面場面で様々に扱われ、その中でアダムなりに対処しようとするなかで、アダムの状況は良くも悪くもなる。ピーターと料理をするアダムは非常に有能である。しかし競争的な場面や、活動のすべてを一人でやることを求められる＝個人に焦点が当たる場面ではアダムの有能さは薄れてゆく。アダムの「LD」は、特に学校的場面において「LD」として組織化されるのであって、「LD」自体はアダムに固有のものではない。「LD」とは、文化的に構築されたもので、学校はもちろん、現代アメリカの文化体系を反映しているというのがマクダーモットらの結論である。しかし、「障害」をある文化体系の反映として捉えることは一見、「障害」をもつ個人を救済するかに見えるが、同時に文化体系が変わらなければ、彼はその立場に甘んじなければならないことも意味している。ある「障害」を有徴とする文化体系のなかでは、その「障害」をもつ人は「障害者」であるしかないのだ。教室ではアダムは「LD」として現れるというのも現

実なのである。

　学習の場によって、形づくられる学習が異なるのであれば、学習者だけを取り出して学習の過程を理解しようとするのではなく、学習の場を含んだ全体のシステムとして理解することが求められよう。こうした流れにある学習論として「活動理論」を取りあげることができる。

5. 活動理論

　構成主義及び社会構成主義が、学習者個人に焦点を当てた学習論であるとすると、学習を学習者だけでなく、学習の場を含んだ全体のシステムとして把握しようとするのが活動理論（activity theory）である。ここで筆者が念頭に置くのは特にエンゲストローム（訳書，1999）のものである。エンゲストロームが説明する活動理論は、「分析単位として対象志向の道具に媒介された集団的な活動システムを採用し、個人と社会構造との裂け目に橋渡しをする」。「活動（理論）」を名乗っていても、活動の場を個人の行為の変数に還元し、個人の主体性を強調する論者もいるが、ここでいう活動理論は、個人の行為（主体性）と活動の場（環境）を同等に重視し、両者を（分断することなく）統一的に見るものである。

　活動理論が行為者としての人間が環境に働きかける主体性を重視するところは構成主義と変わりはない。行動主義心理学の「刺激→反応（S→R）モデル」が個人と対象を二分し、社会文化的状況を捨象し、個人を単独で分析しようと考えたのに対し、活動理論は、人間の社会文化的環境との不可分性を主張する。高取（1994）の言葉を借りれば、①「活動とは人間と対象の間の関係」であり、②「外部の対象により人間は規定され」ており、③「活動の過程のなかで主観性すなわち意識が生まれる」という。人間の行為というのは、所与の環境になかば決定されており、その文脈を無視して考えることはできない（レイヴ＆ウェンガー，訳書，1993）。そしてそのなかば自分を規定している周りの環境に働きかけて変化を与える（新しい関係を結ぶ）ことが人間の行為なのだと活動理論は主張する。人間と環境はリフレクティブ

な関係にある。したがって人間の行為は、環境を含んだ一個の社会システムとして考えなければならないのである。以下活動理論を理解するための鍵となる概念を素描する。その中で、活動理論の背景にある人間観も同時に明らかにされるだろう。

〈媒介〉

　活動理論にとって重要なアイディアは、ヴィゴツキーによってもたらされた「媒介」の概念である。人間の行為は環境と直接に結びついているのではなく、道具を媒介にして行われているという指摘である。ここでいう道具とはもちろん机、スコップ、カードなどを含むが、それに加えて言語をはじめとしたシンボル体系も含まれており、それは行為を媒介する文化として人間がつくりだしたものの総称である。ヴィゴツキー（訳書, 1987）は言語、記数法や計算のさまざまな形式、記憶術のための諸工夫、代数記号、芸術作品、文字、図式、図表、地図、設計図、そしてあらゆる種類の記号などを心理的道具として例示している。

　活動理論は、「主体が道具を媒介にして対象に働きかける」という図式で人間の行為を理解する。「人はもはや、その文化的手段から切り離して理解されることはあり得ない。そして社会は、アーティファクトを使用し産出する人々という行為主体（agent）なしに理解されることは不可能なのである」（エンゲストローム, 訳書, 1999）。このヴィゴツキーの「道具の媒介」に着想を得て、コンピューターを道具として利用する学習者のモデルを構築するという議論を見かけることがあるが、「媒介」の概念が重要であるのは、そうした事に留まるものではない。「媒介」が学習者のモデルにとって決定的なのは、道具を作るという活動が、人間が歴史的存在であることにとって本質的であり、道具とは社会文化的なものが具体化された歴史的遺産であるからである。コール（訳書, 2002）は、「人工物の歴史的な蓄積とそれらが活動に導入されることは人間の思考過程の社会的起源を含意していることである」という。エンゲストロームは、この「媒介」のアイディアによって「一方にはデカルト主義的な個人主義、他方には文化—歴史的な社会の構造とい

う触れることのできないもの、これら両者の間にあった裂け目」が克服されたと指摘する。道具というのは、人間の活動によって生み出された社会文化的な意味を帯びたものである。道具を媒介して環境に働きかけるがゆえに、人間はロックが想定するような白紙（またはタブラ・ラサ）の人間ではなく、具体的な歴史を背負った社会文化的な存在なのである。

〈コミュニケーション〉

　ヴィゴツキーの「媒介された行為」モデルは、分析単位がもっぱら個人に焦点化されていたが、レオンチェフらによってこれが集団的活動システムのモデルへと拡張されることへの可能性が示された。レオンチェフは「原始時代の集団狩猟」を例に挙げ、歴史的に発展する分業がいかにして個人的行為と集団的活動の間に決定的な分化を引き起こしたかを示した（エンゲストローム，訳書，1999）。人は多くの活動を単独で行っているのではなく他者との関わりの中で行っている。ヴァルシナー（Valsiner, 1989）は、人間と環境との相互作用の中に「社会的他者」を含んだ「個人─社会エコロジー的枠組み」を提起している。この図式によって、他者を含んだ環境との相互作用の理解が可能となった。高取（1994）は、活動理論にコミュニケーションの次元を導入したのにはロモフの功績が大きいと紹介している。「ロモフは、個人的活動は共同的（集団的）活動の派生物であり、従来行われてきたように、心理過程を対象的活動との関連のみで研究するのは片手落ちであるという基本的認識から出発する。そして、コミュニケーションの役割は、第一に、個人的経験の限界を克服することであり、第二に、コミュニケーションの過程において伝達される情報は、当事者においてつくられ、発展させられ、より正確になるというように、コミュニケーションそのものが絶えざる認識の過程であり、第三に、コミュニケーションは共同的活動を遂行する諸個人の共同性の形成を保障すると考えている」（傍点は筆者による）。

　こうしたロモフの指摘は、学習が他者を含む具体的な社会文化的環境との相互作用の中で起きることを意味している。それはヴィゴツキーが「最近接発達領域」の概念によって説明したことでもある。デューイの言葉を借りれ

ば、「もしも彼が共同者となるのだとすれば、彼はその連帯の活動に従事しているときに、その活動の完成について、他の者たちと同様の興味を持っているはずである。彼は、他の者たちがもっている観念や情緒を共有するはずなのである。(中略)彼は、本当に、共同活動に関与すなわち参加するのである。その場合には、彼の本来的な衝動は修正される。彼は単に他の人々の行動に調和するやり方で行動するだけでなく、そのように行動しているうちに、他の人々を活動させるのと同じ観念や情緒が彼の中に生ずるのである」(訳書，1975)。

　共同の活動に従事することで、活動の参加者はそれぞれが共有された知識を構築していく。私たちの日常生活は、お互いの知識構築過程に影響を与えることであふれている。「社会的経験」が個人の利用できる解釈過程を形づくるのである。

　他者を含む具体的な環境が学習者に与える影響を重視し、同時に学習者が道具を通して環境に働きかけ、変化を与えること(学習者―道具―環境の関係の再編)を重視する。社会的相互作用の過程がすなわち学習であるという見方である。学習者個人にとって、これは社会的相互作用(人と人との間に起きたこと)の過程の「内化」であるといえる。ヴィゴツキーはこれを次のように言う。「子どもの文化的発達におけるすべての機能は、二度、二つの水準で登場する。最初は社会的水準であり、後に心理的水準に、すなわち、最初は精神間的カテゴリーとして人々の間に、後に精神内的カテゴリーとして子どもの内部にあらわれる。このことは、随意的注意、論理的記憶、概念形成、意志の発達など、いずれにも同じように当てはまる。(中略)言うまでもないことだが、この内化がその過程そのものを変形し、その構造及び機能を変化させる。社会的関係、あるいは人びとの間の関係が、発生的にはあらゆる高次の機能およびそれらの関係の基礎となっている」(訳書，1970)。ヴィゴツキーやその支持者にとっては、社会的な次元というものが意識のそもそもの起源であり、現実に起きていることなのである。意識の個人的な次元は派生的、二次的なものである。個人のなかで展開されている精神機能は社会的なコミュニケーションの過程の中にその起源があるとみなされてい

る。

〈拡張〉
　エンゲストロームは、学習のレベルとして以下の3つの段階を区別している（訳書，1999）。「学習Ⅰ」は、パブロフの古典的条件付けや機械的反復運動によって、ある固定化した方法を繰り返しによって獲得していくことを学習と見なす。すなわち「行動主義」の学習の定義である。「学習Ⅱ」は、「学習Ⅰ」で起きる学習のコンテクストが認識・理解され、与えられた問題を解決することを学習と捉える。これは「構成主義」に近いといえるだろうか。
　「学習Ⅲ」がエンゲストロームの立場であるが、ここに「拡張」という考え方が表される。学習Ⅰ及びⅡでは、学習対象は所与のものなのだが、「学習Ⅲ」では問題や課題そのものが創造されなければならない。学習Ⅲでは、学習Ⅱレベルの内的矛盾の解決が学習対象（課題）になる。あるコミュニティに属する主体が、コミュニティのなかに矛盾を見出し、その矛盾の解決という学習課題を設定し、それをコミュニティのメンバーとともに解決していくことによりコミュニティを新たに創造していこうとする営みが、ここでは学習と定義される。与えられたコンテクストへの適応（学習Ⅱでの問題解決）ではなく、新しいコンテクストを創造する拡張的サイクルが学習過程であるとされるのだ。予定されたところへの帰着ではなく、新しい場を生成する終わりなき拡張の過程である。
　自分たち自身が活動システムの中に矛盾を見いだし、その中から課題を構成する学習Ⅲでは、学習は単に認知的な発達に関わるだけではなく、「動機」を扱うことにもなる。学習Ⅰ及びⅡでは、学習の目的は必ずしも明確ではなかったのだが、学習Ⅲにおいては活動システムの矛盾を解決するという具体的な形をとる。そのため学習は、誰かにさせられるものでも、将来のために行われるものではなく、現実に今ある自分たちの課題として、学習者集団に引き受けられるのである。そこでは何が大切なのかという学習者の価値観に関わるものが生みだされ、共有されていくのである。
　活動理論は学習に対してこのような見方を示す。すなわち、具体的な状況

における、他者を含む環境との相互作用を通して学習が進行すると見るわけである。つまり①学習者は社会的環境の制限を受けること、②同時に学習者は道具を用いて主体的に社会的環境に働きかけること、③その働きかけは他者との協働で達成されること、④学習対象は環境と学習者の間にある矛盾によって生み出されるものであり、⑤その解決により新たなコミュニティを生成することがめざされること、⑥その解決されたところに新しい矛盾＝解決すべき課題＝学習対象が生み出され、学習は拡張していく、と整理することができる。活動理論がそれまでの学習論と異なるのは、学習を個人の認知過程としてよりも、むしろ指導者（教師）や同僚（クラスメイト）との相互作用及び学習の場そのものの成立過程を含んだ一連の活動システムとして捉えるところにある。学習とは何らかの「変化」を暗示する言葉であるが、従来の学習論がその変化を個人の内部のみに求めたのに対して、活動理論ではそれを社会的相互作用の場に求めようとしているのである。変化ははじめ矛盾の解決を図る活動システムに現れ、その後個人の内部に現れる。したがって学習が前に進む（拡張する）契機を追おうとするならば、注目は学習者個人にではなく、学習が起きている場全体に向けられねばならないのである。

6. 活動システムから見た市民性教育

　エンゲストロームは、活動システムを以下のように図式化する（図1）。
　上部の三角形は、「主体」が「道具」を媒介して「対象」に働きかけ、「結果」を生み出すことを示している。一方それを支える下部は、学習は協働でなされることを示しており、「主体」は「共同体」の「ルール」に従って「分業」のもとに「対象」に働きかけ、「結果」を生み出すことを示している。
　これを市民性教育の諸形態に適応するとどうなるか。義務を強調するシヴィック・リパブリカン型に代表される、所与の社会に同化的なものを、それがマジョリティの価値を維持し、そのなかで生きることをめざす（道徳的・能力的に）「強い」個人を育成しようとする点を踏まえて市民性教育の「個

第 7 章　市民性教育の学習論①

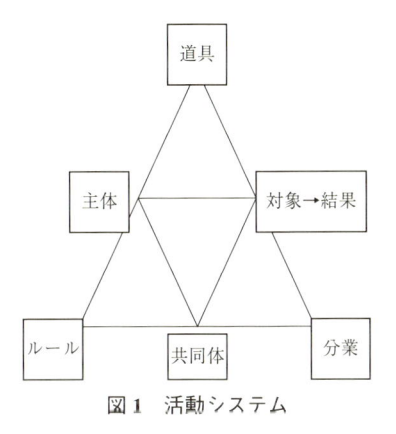

図1　活動システム

人卓越同化モデル」と名づけることにする。逆に差異を重視し、社会の再編成を企図するものを「協働社会変革モデル」と名づけよう。両者を活動システムに当てはめると以下のようになる（図2）。

　個人卓越同化モデルでは、優れた道徳性やスキルを通じて「強い」個人として成長する。その際、学習共同体は個人に既存のルールに従い、個々人が個別に努力することを求める。その結果として所与の同質的な社会は維持される。一方協働社会変革モデルにおいては、他者とのコミュニケーションを通じて、ルールの変更が行われる。これまで表舞台に出ていなかったマイノリティ集団の文化からの挑戦を受け、節合により社会は再構成される。市民

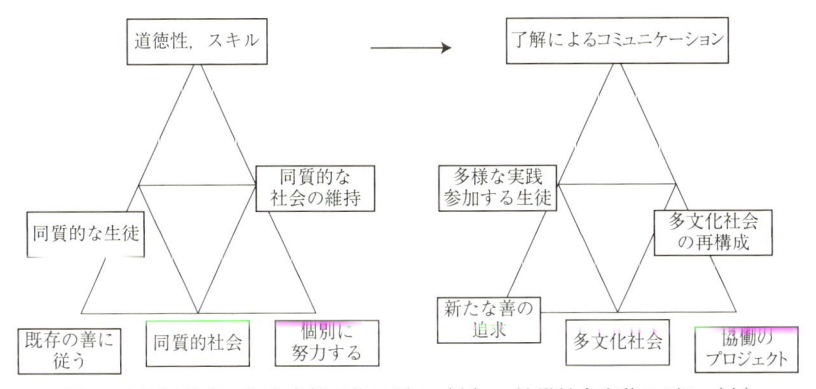

図2　市民性教育の個人卓越同化モデル（左）と協働社会変革モデル（右）

129

性を発揮するとは、より多くの声が響き渡る社会を構成するプロセスに参加することにあるといえるだろう。

7. おわりに

　本章では、モノローグ的な授業から脱するものとして市民性教育を活動理論によって意味づけした。ここでいう市民性教育とは、他者との差異を重視し、その差異をつなぎ、より多元的で公正な社会構築をめざす活動的な市民の育成、すなわち人権教育に基盤を置いた市民性教育である。活動システムにおいて知識は「実践による現実への批判的介在」（フレイレ，訳書，1979）としてある。市民性教育で必要とされる知識は、将来どこかで役立てるために応用可能な脱文脈的・中立な知識ではなく、現実の今に問題を見出し、それを解決していくための「目的」と結びついた知識である。単に社会に適応する道徳性やスキルを身につけるだけでなく、具体的なグローバル社会・多文化社会の問題を知り、他者と問題を共有し、実践に参加しなければならない。市民性教育に求められるのは個人としての道徳的・能力的卓越ではなく、むしろ共同で集団の問題を読み解き、その解決を図るプロジェクトへの参加であり、そのプロジェクトにおいて他者とつながり自己の主体位置を再定位し、社会をより多元的で公正なものへと再構成することである。

　バーバーは、「参加なしのコミュニティ」は「反省されない同意と統一」を生み出し、単なる「集団主義」となりがちであるが、「コミュニティなしの参加」は「競争的な利益追求」を育て、単なる個人主義を強めるだけであると言う（Baber, 1984）。前者は同質的な共同体への同化を、後者は新自由主義的な個人主義を端的に象徴している。そうではなくて、他者との「節合」によって、多元的な市民性を生成するコミュニティの成員を育成する市民性教育の構想が不可欠である。

　もちろん、個人を単位とした「社会性」の涵養や現代社会に生きるスキル獲得も重要な課題であろう。ただ、あえて「市民性教育」というからには、問題を個人で解決すべきこととみなすのではなく、問題を社会的・政治的・

経済的文脈のもとに構成（共有）し、議論の「対象→結果」としなければならないだろう。所与の社会への同化（社会化）という観点ではなく、差異をめぐるコミュニケーションを通じて社会変革にコミットする市民を育成するという観点を含むことが必要である。ゆえに、（同質的ではなく）多元的なシティズンシップに向けた、（個人的でない）協働的な市民性教育が構想されなければならないだろう。

第8章　市民性教育の学習論②―対話的な学習論へ

　前章で、活動理論によって市民性教育の学習論を意味づけした。活動理論がそれまでの諸理論と異なるのは、学習を個人の内部に焦点を当てたものとしてではなく、学習が起きる文脈（場）を含んだ活動システムとして捉えた点にある。すなわちそこには、学習者が、他者や環境と接触する場面への注目がある。本章では、その点をさらに掘り下げてみたい。

　具体的な社会文化的背景を持った主体間の対話＝〈交通〉が学習である、あるいは人間の存在そのものであると主張した人々がいる。ここでとりあげるのは、バフチン、ヴィゴツキー、デューイである。彼らの声を手がかりにして、活動理論の根底にある特徴を浮き彫りにし、これまで個人の内部の認知過程として考察の対象となってきた学習論について、"社会的なもの"―「対話」・「意味生成」という観点から包括的な案を提出することができるだろう。

1. 社会的存在としての主体

　人間の存在は、本質的に他者を必要としている。デューイ（訳書, 1975）は、次のように言う。

　「社会的交わり social intercourse」を通して、すなわち、人々が信じている考えを体現している様々の活動に参加することを通して、各個人は次第に彼自身の心 a mind of his own を獲得して行くのだ。心というものを他人とは全く無関係の自分だけの持ち物と考えることは、全く事実に反する謬見である。自己は、自分の周りの生活の中に事物についての知識が具現されていれば、それだけ心を成就するのであって、自己とは、それぞれ独

力で新規蒔直しで知識を構築しているようなな離れ離れの孤独な心というようなものではない。

　他者との交わりのなかで、心は形成されていくのである。さらにその交わりは、一方的な働きかけではないことに注意が必要である。デューイは「経験というものの本質は、特殊な結びつき方をしている能動的要素と受動的要素を含んでいることによく注意するとき、はじめて理解することができる。能動的な側面では、試みること—実験という関連語ではっきりと示されている意味—である。受動的な面では、それは被ることである」という。主体と環境との相互作用がなければ、経験は「教育的経験」とはなりえないのだ。「経験」には、環境に働きかけることと働きかけられることという、能動と受動の二重の意味があるわけである。中村（1992）は、経験を「われわれが何かの出来事に出会って、〈能動的に〉、〈身体をそなえた主体として〉、〈他者の働きかけを受けとめながら〉、振る舞うことだ」という。経験は主体が一方的に環境に働きかける、その能動性のことをいうものではない。人間は身体を持つために、「他者からの働きかけによる受動＝受苦にさらされる」のであり、それによって、世界に組み込まれ、世界を知るのである。

　われわれ一人が受動＝受苦にさらされるということは、われわれの自己が決して簡単には自立しうるものではない、ということである。おのずと他者や世界との関係性のなかにあるのである。したがって、われわれの能動性あるいは主体は、まさに世界や他者との関係性を組み込んだもの、いや、そうした関係性のうちに組み込まれたものになる。そのことを通して、われわれの一人ひとりは、いっそう深く現実とかかわるようになるのである（中村，1992）。

　「経験」を個人の主体性からのみ捉えると、それは独立した個人の環境への一方的な働きかけを想起し、学習を個人のなかに完結したものとしてみなすことにつながる。しかし「経験」とは環境に働きかけると同時に環境から

働きかけられることなのだ。ここでいう環境とはもちろん社会的環境（＝人）を含む。一人では「経験」は起こらないのだ。

　人間の存在自体に具体的な「他者」が不可欠であることをバフチンは「対話的自己」というかたちで表した。バフチン（訳書，1988）は、近代の人間観に特徴的な「独立した個人」というものは存在せず、つねに二つ以上の意識が存在し交流するところに人間はあるという。

　　存在することは、すなわち他者に対して、他者を通じて自己に対して、存在することである。人間には彼が主権をもっているような内的領域は存在しない。彼の全存在は常に境界にあり、自己の内面を見ることはすなわち他者の眼を見ること、あるいは他者の眼で見ることなのである。（中略）私は他者なしにはありえないし、他者なしに自分自身となることもできない。─即ち私は、自己の中に他者を見出しつつ、他者の中に自己を見出さなければならない（相互に反駁しあい、相互に受け入れあいながら）。

　対話的関係にあるときにのみ、互いの意識は姿を現す。一つの意識の中では何ごとも起こらないのだ。世界のものごと・できごとのなかで、自分との関係のみを持つものなど存在しない。自分自身も同様である。自分以外の誰かとの関係の中で、つまり対話的関係の中でしか世界を語ることはできない。バフチンにとってあらゆる発話は、先行する誰かの発話への返答であり、誰かへの呼びかけ（すなわち宛名を持っている）である。対話から離れて、他者を客観的に同定することはできない。同様に対話から離れて、世界を客観的に同定することもできない。

　《人間の魂の深奥》は、こうした緊張した呼びかけにおいて初めて明らかにされるのである。内的人間を冷静沈着な中立的分析の客体として、彼を完全掌握し、観察し、理解することはできないし、彼と融合し、彼に感情移入することによってもまた、彼を完全掌握することはできない。そうではなくて、内的人間に接近し、その正体を暴き出すには─より正確に

は、彼に自らをさらけ出させるためには——彼と対話的な接触交流を持つ以外に手だてはないのである（バフチン，訳書，1995）。

　こう言うとバフチンは、ミクロな相互作用にのみ注目していたかのようにきこえるかもしれないが、そうではない。「いかなる発話も、それを発した者ひとりにのみ帰属させることはできない。それは話し手たちの相互作用の所産であり、さらに広くは、その発話が生じた複雑な社会的状況全体の所産である」（ヴォロシノフ，訳書，1989）[9]。ひとつの対話の背後には、いくつもの対話が潜んでおり、決して当座の対話の場だけに閉じられたものではないのだ。「人間の行動におけるすべての言語的なもの（外言も内言も）は、孤立して取り挙げられた単一の主体に帰せしめることは決してできない。言語的なものはこの主体に属しているのではなくて、この主体の社会的グループ（その社会的環境）に属している」。バフチンの、社会の中に個人を見、個人の中に社会を見る視点は、個人が社会から離れた抽象的な個人ではないことを言う次の言葉に明確に示されている。

　　個人意識とは、社会的・イデオロギー的事実である。（中略）意識の客観的な定義は、社会学的にのみ可能である。幼稚な機械論的唯物論や現代の（生物学的・行動主義的・反射学的）客観心理学に見られるような、意識を自然から直接に引き出す試みは許されない。観念論や心理学的実証主義などのように、意識からイデオロギーを導き出すのもだめである。意識が形成され実現されるのは、組織された集団の社会的交通の過程で生みだされる記号的素材のなかである。個人意識は記号を糧とし、記号から成長してゆき、それら記号の論理と法則性を反映している。意識の論理とは、集団のイデオロギー的交通、記号的相互作用の論理である。意識からその記号的・イデオロギー的内容を奪ったならば、意識からはなにひとつのこらないであろう（ヴォロシノフ，訳書，1989）。

9）バフチン・サークルの一人、ヴォロシノフ名義だが、バフチンとして扱う。以下同様。名義にかんする議論は、桑野（2002 a）の143-165頁を参照。

人が環境から規定されるということは、人間は抽象的な存在ではなく、具体的な社会的背景を持った存在であることを意味する。ヴィゴツキー（訳書，1970）は、人間の心理についてマルクスの「フォイエルバッハに関するテーゼ」を流用して次のように述べていた。

　　マルクスの有名な命題に対して、われわれは次のようにいうことができよう。人間心理の本性は、社会的諸関係の総和である。それは、内部にうつされ、人格の諸機能や構造諸形式となった諸関係である。

私たちは社会から切り離された抽象的な人間ではなく、逆に社会的関係を反映して存在しているのだ。人間の存在は、異なる社会文化的背景をもった具体的な「他者」との関係を前提にしてはじめて認めることのできるものである。ある社会的条件の下で、具体的な「他者」同士として対話的関係にあるときに、人は何者かであるのだ。

2. コンフリクトによる意味の生成―「知識」の捉え直し

社会と結びついた個人の意識同士の対話的関係によってのみ、私たちは他者を、世界を、そして自分自身を知ることができる。「他者の意識というものは客体として、事物として洞察し、分析し、定義するわけにはゆかない。可能なのはただそれと対話的につき合うことだけである」（バフチン，訳書，1999）。人は世界について語ることはできない、ただ対話することができるだけである。バフチン（訳書，1999）は、次のように言う。

　　一個の、単一で唯一の参加者のもとでは、美的なできごとはあり得ない。みずからを超越する何ものも持たない、外在し、外から限定する何ものも持たない絶対的な意識は、美的なものとはならない。（中略）美的なできごとは、二人の参加者があって初めて実現するのであり、二つの一致することのない意識が前提となる。主人公と作者が一致していたり、お互

い、共通の価値を前にして並んでいたり、あるいは、敵だったりするばあいには、美的なできごとは終わり、倫理的なできごと（攻撃記事、宣言、弾劾演説、賛辞、謝辞、悪罵、自己弁明の告白等々）が始まる。

できごとの「意味」は、人と人との間に生成される。「人間と人間との豊かな関係、人間と世界、さらには人間と宇宙の有意味な出会い」があり、「ひととひとのあいだ、ひとと世界のあいだ、ひとと宇宙のあいだでこそ、意味は生まれてくる」（桑野, 2002 a）のだ。

こうした見方は、伝達型の学校教育が前提としている知識観と大きな隔たりがある。学校が扱う知識は、誰にとっても同じものであり、それだけで完結している。私たち一人ひとりが何者であるかとは関係がない。そして学習の文脈とも関係なくいつでも通用する。そうだからこそ標準化されたペーパーテストで「学力」を測ることができるわけである。

こうした知識観は、捉え直しの時が来ているとレイヴは言う。レイヴは伝統的な認知理論の4つの問題点を以下のように指摘する（Lave, 1996）。

1 学習を他の活動と区別し、特別のプロセス（個人の頭の中に実在する知識を内化する手続き）だとみなす点（レイヴは、学習は世に遍在する活動だという立場に立つ）。
2 学習は既存の知識を「獲得する」ことだとみなしているので、知識の生成や再生成ということについて問題を抱える。
3 学習をどこでも通用する普遍的な過程とみなし、知識や学習者の特性をも単性的にみなす点。そのため多様な参加者やプロジェクトを説明できない。
4 異種混淆の世界において、「間違い」の意味を再概念化するのに難点を持つ（レイヴの場合、「間違い」は該当文化からのズレで説明される）。

ここで鍵となるのは、知識は生成されるものだということと、その生成には、差異（そこから生じるコンフリクト）が必要であるということである。

第8章 市民性教育の学習論②―対話的な学習論へ

「同じ」人同士の間には意味の生成はない。バフチンにいわせれば、それは「他者」ではない。

ヴィゴツキーのいう「最近接発達領域」(ZPD = Zone of Proximal Development) も異なる「他者」との出会いと、意味の生成を表すものとして理解することができる。ヴィゴツキー（訳書, 2001）は最近接発達領域を「自主的に解答する問題によって決定される現下の発達水準と、子どもが非自主的に共同のなかで問題を解く場合に到達する水準とのあいだの相違」と定義している。これは通常、子どもが一人でできる課題の水準と、何らかのサポートを受けてできるより高次の課題の水準の間だと理解される。そしてサポートを受けてできるようになった能力が「内化」することによって新たな「現下の水準」となるのだ。ヴィゴツキー（訳書, 2001）は、「教育学は、子どもの発達の昨日にではなく、明日に目を向けなければならない」と述べている。「領域」（ゾーン）は、子どもにとって「今日の自分」から「明日の自分」へという時間的な差異を表していると言える。

一方でゾーンは、同時に社会的空間の差異でもある。それは「他者」＝自分とは異なる存在としての大人と子どもが出会う「具体的で混種的な時空」（茂呂, 1999）を意味する。ゾーンは教える側だけでも、学習者だけでも成立不可能である。一方的な教え込みや、学習者の主体性のみの強調は、ゾーンとは何の関係もない。主体と主体との差異がゾーンを構成する。ゾーンは異質な主体と主体が出会う場なのである。抽象的な他者一般ではなく、自分とは異なる具体的な「他者」との出会いである。

またここでいうサポートは人だけでなく、言語を中心とした道具を含む。道具とは人間の文化的遺産を具象化したものであり、かつ人々に共有されることで人と人を結びつけるものである。それが内化するということは、"社会的なもの" が内化することに他ならない。

しかし茂呂（1999）によれば、ゾーンは「没社会的な、モノローグ的な解釈」が与えられてきたという。つまりゾーンで出会うのは、異なる「声」を持つ「他者」同士であるはずなのだが、実際には同じ共同体に属する者同士のモノローグが響くかのように語られてきたという。実際に「最近接発達領

域」は、戦後日本の教育界では、教師の指導力を強調するものとして受け取られてきた面もある。つまり、しばしば教師のもつ鋳型に子どもをはめこむこと、おなじ共同体内の価値体系の授受が行われる場としてゾーンが理解されたということである。ヴィゴツキー自身にも、その時代的制約もあるが、「文化的な違いを歴史的な差異」に変形させてしまう傾向があった。すなわち西欧と発展途上国との社会の差異を社会進化論的に位置づけ、その発展段階の違いに還元するのである（ワーチ，訳書，1995）。元来異質であるものを一つの枠組み、もちろん自分たちの共同体の側から判断するエスノセントリズム（自民族中心主義）がそこには見られる。異なる者との出会いの場が、一つの共同体への同化の場として解釈されることになるのだ。

　こうしたゾーンのモノローグ的理解の一つとして、茂呂（1999）はスキャフォールディング（scaffolding）を挙げている。スキャフォールディング（足場づくり）はヴィゴツキーを理解するなかから生みだされた概念で、ブルーナーらによって積極的に推奨されている。ブルーナー（訳書，1998）によれば、スキャフォールディングは子どもの発達を助けるために大人が差しのべる「足場」である。「いかにして有能な大人は意識を、自分ではそれを『もって』いない子どもに『貸与』することができるのか」という問題意識がスキャフォールディングの追究の根底にある。「持つ」者から「持たざる」者への伝達をいかに行うのか。こうしたゾーンの解釈は大人から子どもへの知識・技能の一方的な伝達をイメージしかねない。

　茂呂（1999）は、「ヴィゴツキーの具体性は、つねに対立のユニティを前提にするのに対して、スキャフォールディングは結局モノローグ」であり、「前提とされるのは孤立した子どもの能力とその改善」であると批判する。茂呂の言う対立のユニティとは次のように理解できるだろう。すなわち異なる主体 A と主体 B が出会い相互に交渉する（対立）なかで、C という共同の意味が生成される（ユニティ）。しかしスキャフォールディングではある一つの共同体内において熟練の A と初心者の B が出会い、A のもつものが B に貸与され、二人の As ができあがることを意味しているのだ。そこでは A と B が対立すること＝交渉することを避けるシステムとしてスキャフォ

ールディングがある。BがスムーズにAになるためのシステムである。そこには、お互いがお互いを理解しようとする能動的な働きかけがないのである。自己と異なる「声」を聴かなくてもよいようにするのが、スキャフォールディングである。

　ヴィゴツキーが「内化」の過程について「どこまで発達の主体である子ども自身による再構築や再解釈の活動を位置づけていたのかという点についてはいささか不明確なままであった」（佐藤，1999）ことが、こうしたゾーンのモノローグ的理解を生みだしてきた要因の一つと考えられる。しかし、学習が社会的な行為の中に構成される矛盾を契機として起きるというヴィゴツキーの主張を考えれば、それは教師の一方的な教え込みを支持するものではなく、むしろ、教師と子どもたちの相互行為こそが大事であると捉えるべきであろう。佐藤（1999）は、この点に関して、発達を支え、援助していくゾーンをヴィゴツキーが当初考えていた親や教師以外のもっと多様なものを含んで想定するべきであり、さらに相互作用のかたちは熟練者から初心者への一方的な教授だけでもないと主張している。

　ヴィゴツキーは、最近接発達領域を形成していくものとして大人からの教育的働きかけや大人との垂直的な相互作用だけに限定しているのではなく、発達を促進するような形で関わっている子どもとの間の共同作業、つまり水平的相互作用というものを含めていたと考えることができる。（中略）しかも、子どもの発達を促進し、支えていく力となる仲間、つまり最近接発達領域を形成する子どもは、能力という固定化された特性だけで言い得るものではない。一つの対象に対して違った視点で見たり、別の考え方をしている子どもどうしの相互作用的活動そのものが重要なのであり、その経験を通して子どもの中に新しい理解と知識が生まれるのである。水平的相互作用の場合には、知的なレベルや技能の水準は同じであっても、異質な視点、違った発想を持っている者どうしが相互作用しあう中で、新しい意味の生成が生じるのである。

予め教師が持っている枠組みに向けて、子どもたちを導いていくだけではなく、子どもたちを異質な「他者」として認め、教師も含めた異質な者同士の交流の場としてゾーン概念を再構築することが求められる。

　マルクス（訳書，1969-1970）は〈交通〉について次のように語っていた。「商品交換は、諸共同体の終わるところで、諸共同体が他者たる諸共同体・または他者たる諸共同体の諸成員と接触する点で、始まる」。異質なる「他者」との出会いとしての〈交通〉は共同体内で起きるのではなく、互いに「他者」である異なる共同体の間で起きるのだ（赤坂，1992）。柄谷（1992, 1994）によれば、〈交通〉とは「教える―学ぶ」という非対称なコミュニケーションのことであり、共同体の外部で「他者」と出会うことである。予めのコードの共有や共同主観性の存在を当てにできないコミュニケーション、自分と言語ゲームを共有しないものを「他者」と呼ぶ。この「他者」との〈交通〉が起きる場がヴィゴツキーのゾーンであり、意味の生成される場なのである。対立＝コンフリクトこそが意味の源泉であるのだ。

　ゾーンにおいては、単一の価値体系が幅を利かせるわけではなく、優勢である価値体系が揺らぎ、別の価値体系に侵犯される可能性にさらされているのだ。それをバフチン（訳書，1973）は「カーニヴァル」という言葉で表した。既存の価値が転倒し、両義的であべこべの世界が展開される。異なる「声」同士の〈交通〉のなかから新しい意味が生成されるのだ。

　グティエレスら（Gutierrez, Rymes & Larson, 1995）は、矛盾の解決を教師と生徒の相互作用による新たな空間の創出と見ている。かれらによれば教室で支配的なのは教師のスクリプトであるが、そこには教師の見方には応じない生徒の対抗スクリプトが存在し、教師のスクリプトと生徒の対抗スクリプトとの相互作用から「第三の空間」（third space）が生じ、そこで教室における教師と生徒の内的な対話が創造される。そこでは「何が知識とみなされるか」ということが生徒と教師の間で相互に交渉され、より大きな社会的なものに疑問を持つ可能性や、領域を越え出るスクリプトがあらわれる。自分自身のスクリプトからはずれていくことによって、教師と生徒は、自分専用の文化を防衛することからわずかに放たれるのである。そしてかれらのスクリ

プト間の相互作用は、予めある教科の知識によってスクリプト化されていない即興のための第三の空間を創造する。そこでは、生徒と教師のスクリプトの伝統的に二分法的な性質は崩され、両者はともに矛盾の解決に協働して取り組む。こうした「第三の空間」では予め答えはあるのではなく、新たに生成されるのである。もちろん新たな意味は一から即興で生成されるのではなく、教師、生徒がそれまでにつくりあげてきた意味の上に生成される。

　しかし、新たに生みだされた空間もやはりコンフリクトを含んでいる。正確には新たなコンフリクトが見いだされるのだと言える。バフチンの言う対話は、最終的な和解をめざさない（桑野，2002 b）。それはバフチンにとって「死」を意味する。むしろ、自分に入り込んでくる「他者」の「声」に反駁し、アクセントを変えようと試みる。ほとんどの部分で他者との一致をみながらも、「最後の言葉」は自分の方に取っておこうとするのだ。IRE の最後の E（評価）を自分が握っているのである。教師や他の生徒からの評価から逃れ、自身の言葉を確保しようとする。最終的な審判が教師や他の生徒によってなされるのではなく、自分自身に委ねられていることが、学習を抽象的な他人ごととしてではなく、自分自身の課題として引き受けることにつながる。それによって学習を自分の存在と深く結びついた意味あるものとして経験することになるのである。

3.「対話」ということ

　バフチン、ヴィゴツキー、デューイが異なるかたちで示してきたのは、学習の、いや、人間の存在自体の対話的関係性である。対話的関係とは、働きかけると同時に働きかけられる二重のものである。人は具体的な「他者」と対話的関係にあるときにのみ在る。ヴィゴツキーとバフチンが示したように、出会うのは社会的な背景を背負った人間同士であり、どこかのだれか－抽象的な人間ではない。「その他大勢」ではなく、一人ひとりが社会文化的に異なるからこそ、他者は「他者」として現れるのだ。差異が対話を構成する。人と人が他者として出会い、ともに環境に働きかけ／働きかけられる

場、それがヴィゴツキーの「ゾーン」であり、デューイの「社会的環境」であり、バフチンの「ポリフォニー的空間」である。単一の共同体内の静的なやりとりではなく、異なる共同体間の〈交通〉により、意味の生成が起きる。「社会文化的な主体」、「コンフリクト」、「対話」、「意味生成」、「異なる他者」、これらはみな一つながりのセットである。人は社会文化的な主体として現れなければ、「他者」ではないし、「対話的関係」に入ることもなく、「意味生成」も起こらない。

　本節の考察は、活動理論の特性をより根底から理解するための作業であった。学習における"社会的なもの"によって、活動理論の像は輪郭を濃くすることができただろう。活動理論は、①学習者は社会的環境の制限を受けること、②同時に学習者は道具を用いて主体的に社会的環境に働きかけること、③その働きかけは他者との協働で達成されること、④学習対象は環境と学習者の間にある矛盾によって生み出されるものであり、⑤その解決により新たなコミュニティを生成することがめざされること、⑥その解決されたところに新しい矛盾＝解決すべき課題＝学習対象が生み出され、学習は拡張していく、と整理することができた（第7章）。"社会的なもの"とは単に学習者の共同作業や社会化をいうのではない。そこに意味されているのは、異なる他者とのコンフリクト＝対話的関係である。活動理論では、主体を単性的に扱うことはない。それぞれの主体が異なる位置から活動に関わることによってコンフリクトが生じ、解決されるべき課題が設定される。

　"社会的なもの"が抜け落ちた個人主義的な学校学習は、「他者」との出会いがないかたちに学習が構築されている。共にいるのはおなじ共同体に属する、言語コードを共有する者たちである。より正確に言えば、実際には異なる主体同士であるのだが、その差異を捨象されたかたちで、子どもたち同士・教師が在るということである。具体的な個人としてではなく、抽象的な子どもたち・教師として教室での相互作用が組織されている。そうした抽象的な人間同士の間では、対話もなければ意味の生成もない。バフチン（ヴォロシノフ，訳書，1989）はコミュニュケーションの形態として「再認」と「了解」を区別するが、これは意味の生成と大きな関係がある。再認とは、「ま

だ十分に慣れていない信号をはっきりと」させたり、「少ししか知らない言語のなかの形態」を明確にする場合のように「話し手が使用する言語形態を既知のものとして『おなじ』形態として」理解することである。つまり、メッセージの送り手が伝えようとする内容を、損なうことなく受け取ろうとすることである。

　それに対して了解とは、「使用された形態の再認ではなく、所与の具体的なコンテクストにおけるその了解、所与の発話におけるその意味の了解、つまり新しきものの了解にあるのであって、その同一性の再認ではない」。了解とは受け取ることではなく、他者の言葉に応答することであり、他者の言葉と自己の言葉が交差する、そこに新たな意味を生成することである。

　個人主義的な学習観においては、意味は了解されるのではなく再認されるのだ。他者のいない単一の共同体のなかで、予めあった（とされる）意味が授受されるだけである。なぜならそこには他者とのコンフリクト＝差異が存在しないのだから。しかし、意味は対話的関係のなかで生成されるというヴィゴツキー・バフチンの立場からすれば、教師と生徒たちは互いに具体的な個人＝「他者」として現れなければならない。同時に、教室は単一の価値体系の教室的学習に閉じられるのではなく、学校外の世界＝教室とは別の共同体と対話的関係になければならないのだ。学習に"社会的なもの"を取り込むということは、そこにコンフリクトを引き起こすことである。コンフリクトこそが学習を構成するのだというのが、ひとつの帰結となる。再認では学習は進まない。主体の能動的な了解が必要である。働きかけられ／働きかける関係のなかでこそ、学習が前に進むのだ。したがって主体は対話のなかで「他者」の「声」にさらされながらも、それに自分自身のアクセント＝意味を付与しようとする。

　対話的関係という場合、それは主体間の〈交通〉を言うだけではなく、対象との〈交通〉をも意味する。バフチン（ヴォロシノフ，訳書，2002）は、「実際に発せられた（あるいは意味を持って書かれた）あらゆる言葉は、話し手（作者）、聞き手（読者）、話題の対象（主人公）という三者の社会的相互作用の表現であり、所産なのである」と言う。これを教師＝作者、作品＝

教材、読者＝生徒というアナロジーで捉えると、教師と生徒の〈交通〉は教材をはさんだ三者の対話的関係にあると理解することができる。三者ともに働きかけ／働きかけられる関係にあるのであり、学習教材と生徒との出会いも一つの〈交通〉として捉えられるだろう。

　また、異なる主体同士として対話的関係に入るということは、そこに起きる学習は認知の過程に留まるものではなくなる。それは人間の存在そのもの、信念や価値観といったレベルでの対話的関係になる。みな、ある立場からものごとを語るのであり、他人ごとを話しているのではない。学習は単なる認知の過程ではなく、価値観や学習の動機を含んだより全人的なものとして捉え直すことが可能である。それによって、学習者は、他人事として学習に取り組むのではなく、自分たち自身の解決すべき課題として学習に取り組むものになるのだ。活動理論における学習者モデルは、こうしたものとして理解することができる。

IEA「市民性教育国際調査（ICCS 2009）」
認知テスト　抄訳

※訳者注：質問文・選択肢の〈　　〉内の文言は、地域・国ごとで異なる。原文は IEA（The International Association for the Evolution of Education Achievement＝国際教育到達度評価学会）のホームページ（www.iea.nl/）で閲覧できる。

1　下の絵は、インターネットで購入することのできるステッカーです。

このステッカーは、世界についてのさまざまな考え方をあらわす記号で構成されています。記号は、「共に生きる」を意味する英語「coexist」に見えるように並べられています。

Q　このステッカーの目的として最もありそうなものはどれですか。
・さまざまな考え方は、みな同じであるということを示すこと。
・人びとは、自分の信じることについて、注意深く考えるべきであるということを示すこと。
・異なる信仰を持っていたとしても、人びとは他者を受け入れることができるということを示すこと。
・世界についての異なる考え方をする人どうしは、決して幸せに共生することはできないということを示すこと。

2　多くの国で、新聞やラジオ局、テレビ局といったメディアが民間のメディア会社によって所有されています。いくつかの国には、一個人もしくは一企業が所有できるメディア会社の数を制限する法律があります。

Q　なぜ国はこうした法律を持っているのでしょうか。
・メディア会社の利益を増やすため。

・政府が、メディアの出す情報を統制できるようにするため。
・政府について報道するのに十分なジャーナリストを確保するため。
・メディアの出す視点に広い幅を持たせるため。

> 3 〈ゼッドランド〉には、第一言語が国の公用語と異なる少数集団がいます。その少数集団は、自分たちの伝統的な言語だけで教育を受けられる学校を持っています。〈ゼッドランド〉政府は、すべての学校は、すべての子どもたちに国の公用語のみを用いて教育するよう決定しました。その決定は、少数集団の子どもたちの助けになると政府が信じてなされたものです。

Q　下記の意見のうち、政府の決定を最も支持するのはどれでしょうか。
・子どもたちが家庭で伝統的な言語を話すことをやめさせるだろう。
・子どもたちにとって、学校をより興味ある場所にするだろう。
・子どもたちがより広い社会に十全に参加するチャンスを高めるだろう。
・子どもたちが家庭で、自分たちの伝統的な言語を習得するのを容易にするだろう。

（3の続き）
4　Q　政府の決定に反対の意見としては、どれが最もよいでしょうか。
・学校が教える教科は政府の影響を受けるべきではない。
・政府は、二つ以上の公用語へのニーズを受け入れるべきである。
・政府は、少数集団の文化を保護する責任がある。
・少数集団の子どもたちは、公用語を学ぶことに不満を言うかもしれない。

> 5　公的な議論とは、人びとが自分たちの意見を自由に交換することです。それは、新聞への投書、テレビ番組、ラジオでの応答、インターネット上のフォーラムや一般公開の集会などで行われます。また、公的な議論は、ローカルな地域、州、国、国際的な課題について行われ得ます。

Q　公的な議論は、どのように社会に利益をもたらすでしょうか。2つ挙げなさい。
1.

2.

IEA「市民性教育国際調査（ICCS 2009）」認知テスト　抄訳

> 6　ほとんどの国では、議会で法律を制定する集団があり、法廷で法を適用する別の集団があります。

Q　こうした仕組みを持つ理由として、最も適切なものは次のうちどれですか。
・それにより、多くの人が法律を変えることができるから。
・一般市民が法の仕組みを理解することを容易にするから。
・法廷で適用されるまで、その法律を秘密にしておくことができるから。
・一つの（ある）集団が法に関するすべての権力を持つことがないから。

> 7　〈〇〇くん〉は、新しい靴を買いました。〈〇〇くん〉は、その後自分の買った靴はとても安い賃金で小さな子どもたちを働かせて作られたものだと知りました。〈〇〇くん〉は、二度とその靴を履かないと言いました。

Q　なぜ、〈〇〇くん〉は、新しい靴を履くのをやめたのでしょう。
・子どもが作った靴は長持ちしないと考えたから。
・靴を作った会社への支持を示したくなかったから。
・靴を作った子どもたちを支援したくなかったから。
・実際の価値よりも高いお金を払ったことに怒っているから。

（7の続き）

> 8　〈〇〇くん〉は、ほかの人にもその靴を買わないでほしいと思っています。

Q　どのようにしてそれを試みることが最もよいでしょうか。
・ほかの人が買えないように、その靴を買い占める。
・靴を店に返品して、お金を返すように求める。
・店の入り口を封鎖して、入れないようにする。
・その靴がどのように作られているのかを他の人びとに知らせる。

> 9　政府は、政府の活動や決定、決定のために使用した情報についての記録を保存しています。
> それらの政府の記録の多くを人びとが閲覧することを認める法律を持つ国もあります。

Q　政府の活動記録を人びとが閲覧できることは、民主主義においてなぜ重要なのでしょうか。
・政府の決定が正しいことを人びとに証明するから。
・政府の決定について、人びとが情報を得たうえで判断することができるから。
・政府が、誰もが賛成する決定のみを行うようになるから。
・人びとが、政府の決定を批判することをやめるから。

10　ほとんどの国が、政府が機密事項を持つことを認める法律を持っています。

Q　政府が最も機密事項にしておきたい記録は、以下のどれでしょう。
・病院に使われたお金の総額を示す統計。
・国の防衛計画。
・移民を認められる人びとの数。
・外国から来た大使の氏名。

11　Q　民主的な国家の市民の役割を最も適切に述べているのは、下記のどれでしょうか。市民は、…
・国家予算についての投票ができる。
・法律策定に投票する代表者に投票することができる。
・常に同じ政党に投票しなければならない。
・指導者には疑問を持たずに従わなければならない。

12　Q　下記のうち、どれが最も民主主義の脅威となりやすいでしょうか。
・民衆から人気のない法律に対して行われる平和的な反抗。
・新聞紙上に表現される多様な意見。
・ある立候補者が、他の立候補者をうそつき呼ばわりすること。
・国の指導者が人権を無視すること。

13　Q　〈労働組合〉の目的はなんでしょう。主な目的は、…
・生産される製品の質を改善すること。
・工場の生産量を高めること。
・労働者の（労働）条件と賃金を改善すること。
・より公正な税制を確立すること。

IEA「市民性教育国際調査（ICCS 2009）」認知テスト　抄訳

14　Q　国の憲法に含まれるのは、…
・近隣諸国との現在の関係に関する表明。
・〈首相〉から国会への表明。
・政党からその支持者への表明。
・政府と法の仕組みを支える基となる理念についての表明。

15　次の問いは、これまでのものとは異なります。問いには、3つの意見と1つの事実が含まれています。問いを読み、事実を1つ選びなさい。
Q　3つの意見と1つの事実があります。以下のうち、事実はどれですか。
・女性が働くことは家族にとって有害である。
・男性は女性より政治的指導者に適している。
・女性は政治にもっと関与すべきである。
・世界の国々のほとんどの指導者は男性である。

16　Q　民主的な国家において、次のうち市民の政治組織に関する法に反しているのはどれでしょう。
・政治的課題について公開討議を求めること。
・反対する法律に対して平和的なデモを行うこと。
・郵便で市民に政治的な意見を送ること。
・ほかの組織の事務所に損害を与えること。

17　Q　民主的な国家においては、国の〈議会〉の主要な仕事は、…
・犯罪者を捕まえるのに法を適用することである。
・法律について議論し、投票することである。
・法廷を監督することである。
・法体系を変化から守ることである。

18　レポーターがテレビで政府の不正の証拠を話したという理由で逮捕されました。
Q　レポーターの権利のどれが侵害されたのでしょうか。
・職業選択の自由への権利。
・公正な裁判を受ける権利。

・移動の自由への権利。
・報道の自由への権利。

19　Q　民主的な政治システムにおいて、市民の自由を最も明らかに侵害しているのは下記のどれでしょう。
・武装した制服警官が宗教寺院に入った。
・政治的指導者を批判する私的な集会を警官が解散させた。
・政府の建物を爆破しようと企む集団のメンバーを警官が逮捕した。
・未登録の銃を携帯している人に罰金を課した。

20　Q　民主的な国家において必要なのは、以下のどれでしょう。
・環境を保護する法律がある。
・多くの会社が国営である。
・市民が公の議論や決定に影響を与えることができる。
・政治的指導者は、めったに批判されることがない。

21　Q　子どもの権利条約に含まれるのは、次のどの権利でしょうか。子どもが…権利。
・学校を自由に選択する。
・政党へ参加する。
・暴力から守られる。
・大人と同額のお金を稼ぐ。

22　Q　多国籍企業の多くを所有・経営しているのは、…
・先進国の企業。
・発展途上国の企業。
・国際連合。
・世界銀行。

23　Q　〈自由市場経済〉の〈本質的性質／主な特徴〉はなんでしょう。
・〈労働組合〉への加入義務付け。
・国による広範な経済規制。
・事業間の活発な競争。

・すべての人が豊かになること。

24　次の問いは、これまでのものとは異なります。問いには、3つの事実と1つの意見が含まれています。問いを読み、意見を1つ選びなさい。
Q　3つの事実と1つの意見があります。以下のうち、意見はどれですか。
・すべての国には、国旗と国歌がある。
・国連は、国家ではないが、国連旗がある。
・誰もが、自身の国旗と国歌に敬意を感じるべきである。
・ある国が所有する船の上には、しばしば旗が掲げられている。

25　Q　独裁者が、自国の民主制を復活させることに同意しました。以下の行為のなかで、彼が民主制の増進を支持していることを最も確信させる証拠となるものはどれでしょう。
・自身の政党の他の指導者に従うと宣言する。
・一番（最も）大きな都市で民主主義のパレードを行う。
・複数の政党の立候補者が含まれる国政選挙の実施の日取りに同意する。
・新聞記者に、民主主義の必要性を語る。

26　Q　〈国会議員〉の行為として、以下のどれが汚職の例として最もふさわしいでしょうか。
・近年の政府の支出を批判する演説を行う。
・新聞紙上の否定的記事に不満を言う。
・洪水の被害にあった農家に金銭的補償を行うことを農政〈大臣〉に求める。
・有権者が賛同する法案を支持する見返りとして金銭を受け取る。

27　Q　世界人権宣言の主な目的は、次のどれでしょう。
・教育を十分に受けた人の政治的権利を増進すること。
・国家間の政治的紛争を減少させること。
・全ての人びとに同じ基本的権利を保障すること。
・新しい国の樹立を可能にすること。

IEA「市民性教育国際調査（ICCS 2009）」
生徒意識調査と認知テスト　解説

　IEA の「市民性教育国際調査（ICCS 2009）」は、生徒（日本の中学 2 年生に相当）の市民的知識・態度・行動に関するデータを分析し、これらと家族、教室・教師・学校、より広いコミュニティを含むいくつかの背景的特徴との関連を探ると同時に、その結果の国際比較を行ったものである。今回掲載したのは、ICCS 2009 の生徒意識調査と認知テストの部分であるが、実際の調査は、国レベルでの情報収集や校長、教員への調査なども含まれている。調査のより詳細な概要は、野崎（2012）を参照いただきたいが、以下では、生徒意識調査と認知テストに絞って若干の説明を施したい。

認知テスト

　調査対象国共通問題で、公開されている認知テストの問題は 27 問である（実際の問題は、80 問）。他にもヨーロッパ、アジア、ラテンアメリカと地域別の設問もあるが今回は割愛している。

　認知テストは、「知識」問題と「推論と分析」問題の 2 つに分かれている（公開されていないものを含めて「知識」25％、「推論と分析」75％）。「知識」問題は、「生徒の市民的世界への理解を促し、より複雑な認知的作業に取り組む際に用いる、市民に関して学習される情報」に関するもので、「推論と分析」問題は、さまざまな概念に適用し、一連の文脈で適用可能なものの見方を統合することによって結論に至るための、市民に関する情報を使う方法」に関するものである。例えば「知識」問題は、民主主義の社会における市民の役割を選択肢から選ぶ問 11 がある。「推論と分析」問題では、「自分の買った靴がとても安い賃金で小さな子どもたちを働かせて作られたものだと知った○○くんが、二度とその靴を履かないと言ったのはなぜか」を考える問 7 がある。

　設問内容は、「市民社会とシステム」「市民の原則」「市民参加」「市民アイデンティティ」から構成され、それぞれの内容はさらに次のような下位領域で構成されている（表 1）。

「市民社会とシステム」
　　ⅰ　市民（役割、権利、責任、機会）
　　ⅱ　国家制度（国民統治と立法の中心となる）

ⅲ　市民的制度（政府機関と市民を仲介する制度、社会における役割を市民が遂行できるよう仲介する制度）

「市民の原則」
　　ⅰ　公正さ（すべての人々は公平で正しい扱いを受ける権利がある）
　　ⅱ　自由（信条、表現についての、恐怖からの、困窮からの）
　　ⅲ　社会的結束（所属の意識、つながり、一つの社会内の個人間およびコミュニティ間の共通のビジョン）

「市民の参加」
　　ⅰ　意思決定（組織の統治と投票）
　　ⅱ　影響力（討議、デモ、提案、選択的購入）
　　ⅲ　コミュニティ参加（ボランティア活動、組織への参加、情報の維持）

「市民アイデンティティ」
　　ⅰ　市民的自己イメージ（個人の、それぞれの市民コミュニティにおける場の経験）
　　ⅱ　市民的連帯（異なる市民コミュニティとのつながりや、それぞれのコミュニティ内で個人が担っている市民的役割の意識）

表1　設問内容と領域対応表

問題番号	認知様式	内容	下位領域	問題番号	認知様式	内容	下位領域
1	推論と分析	市民の原則	平等	15	知識	システム※	国家制度
2	推論と分析	システム※	市民的制度	16	知識	システム※	市民的制度
3	推論と分析	市民の原則	平等	17	知識	システム※	国家制度
4	推論と分析	市民の原則	平等	18	知識	システム※	市民
5	推論と分析	市民の原則	社会的結束	19	推論と分析	システム※	市民
6	推論と分析	システム※	国家制度	20	知識	システム※	市民
7	推論と分析	市民の参加	影響力	21	知識	市民の原則	自由
8	推論と分析	市民の参加	影響力	22	知識	システム※	市民的制度
9	推論と分析	システム※	市民	23	知識	システム※	市民的制度
10	推論と分析	システム※	国家制度	24	推論と分析	アイデンティティ☆	つながり
11	知識	システム※	市民	25	推論と分析	システム※	国家制度
12	知識	システム※	国家制度	26	知識	システム※	国家制度
13	知識	システム※	市民的制度	27	知識	市民の原則	平等
14	知識	システム※	国家制度				

※「システム」:「市民社会とシステム」
☆「アイデンティティ」:「市民アイデンティティ」

「市民社会とシステム」は、市民社会のあり方やそれを支える制度についての設問である（問2など）。「市民の原則」は、「自由」や「平等」といった市民社会の原則について問うている（問1など）。「市民の参加」は、それぞれの市民が投票や討議、デモ、消費行動などによる意思表示を通じて社会にかかわっていくことについての設問である（問8など）。「市民アイデンティティ」は、帰属するコミュニティへの意識や経験、自己イメージに関する設問である（問24）。デランティ（訳書，2004）によれば、近代的シティズンシップは、「権利」「義務」という法と制度に関わる「形式的シティズンシップ」と市民社会へ積極的に参加し帰属意識を持つといった「参加」「アイデンティティ」といった「実質的」シティズンシップから構成される。福祉国家においては、「権利」「義務」が強調されたが、今日さらに「参加」「アイデンティティ」が強調されるようになってきているという。ICCS 2009の認知テストは、「市民の原則」「市民社会とシステム」といった法・制度に関することに加えて、「参加」「アイデンティティ」といったシティズンシップの側面も織り込んでいるといえるだろう。

　本調査で問われているのは専門的な知識理解を要する難問ではなく、市民として社会に関わっていくために必要な基礎的な知識やそれを現実社会に適用していく推論・分析力である。「市民」とは、政治や科学等の「専門家」に対して「普通」の人をさす言葉でもある。何か「特別」なことを教え「特別」な人を育てるのではなく、「普通」のことを教え「普通」の人を育てるのが市民性教育なのであろう。もちろん「普通」のことを教えることこそが難しいのであるのだが。

生徒意識調査（訳は割愛）

　生徒意識調査では、生徒の社会経済文化的背景および、学校内外での生活の様子、社会に対する意識や行動について尋ねている。問1から問3までは、年齢、性別、希望学歴といった生徒の「基礎プロフィール」を、問4から問11までは、保護者の出身国、家庭での使用言語、保護者の職業・学歴、蔵書数など「家庭背景」を尋ねる項目である。「家庭背景」のなかでは、保護者の政治や社会への関心度も尋ねられている。

　問12から問14までは、学校外での生活を尋ねている。宿題、テレビ視聴、インターネット使用、読書等に費やす時間や、政治や社会の問題に関わる頻度等である。問15から問19までは、学校での生活を尋ねている。具体的には、学校での自主活動や討論にどれだけ積極的に参加しているか（しようとしているか）、また生徒の多様な意見が尊重されるような授業の雰囲気があるかどうか、学習内容・方法や学校のルー

ルについて生徒の意見がどの程度反映されているか等である。

　問20から問36までは、政治や市民社会に対してどのような「意識」や「行動への意志」を持っているかが尋ねられている。具体的には、市民社会のあり方、「よい」市民像、政治への関心度、権利と義務、移民問題、制度や社会への信頼度、国への愛着、支持政党、社会参画、宗教への態度等である。認知テストが、市民性の「認知的」側面を測るとすれば、生徒意識調査では、市民性の「意識」や「行動」などの「情動的」側面を測っている。

　この「基礎プロフィール」、「家庭背景」、「学校外での生活」、「学校での生活」、「政治や市民社会に対する意識」と認知テストを掛け合わせることで、どのような生徒が市民性の認知的側面を高めているのかを推測することができる。言い換えると市民性の認知的側面を高めるのは、どのような生徒なのか、家庭なのか、学校なのかということが示されるということである。また、生徒の社会や政治に対する意識や行動も尋ねられているので、「意識」と「行動」と「認知」との関係を探ることもできる。例えば、ボランティア活動に参加している生徒ほど認知テストの結果が良いかどうかということを分析することができる。

　人権に満たされた社会づくりに参画する市民の育成を人権教育の目標とするならば、ICCS 2009は、一つの参照となるであろう。すなわち、社会に参画するための知識、推論・分析する力、行動しようとする意識や実際の行動力といったものをどの程度育むことができているのかを測定し、さらにはどのような働きかけで育むことができるのかを分析する強力なツールの一つになるのではないだろうか。

参考文献一覧

安彦忠彦 2006「書評　池田寛著，部落解放・人権研究所編『人権教育の未来―教育コミュニティの形成と学校改革』」『部落解放研究』第 171 号，72-75 頁.

赤坂憲雄 1992『異人論序説』ちくま学芸文庫.

Apple, M. W. 1985. *Education and Power*. 浅沼茂・松下晴彦訳 1992『教育と権力』日本エディタースクール出版部.

Arendt, H. 1958, *The human condition*, University of Chicago Press，志水速雄訳 1994『人間の条件』ちくま学芸文庫.

Aristotle, *Politica*, 山本光雄訳 1961『政治学』岩波文庫.

Arthur, J., Bailey, R. 2000. *School & Community : The Communitarian Agenda in Education.* Falmer Press.

麻生誠・原田彰・宮島喬 1978『デュルケム道徳教育論入門』有斐閣.

Baber, B. 1984. *Strong democracy : participatory politics for a new age,* University of California Press.

Banks, J. A., McGee Banks, C. A., Cortes, C. E., Hahn, C. L., Merryfield, M. M., Moodley, K. A., Murphy-Shigematsu, S., Osler, A., Park, C. and Parker, W. C. 2005. *Democracy and diversity,* The Center for Multicultural Education, University of Washington, Seattle，平沢安政訳 2006『民主主義と多文化教育―グローバル化時代におけるシティズンシップ教育のための原則と概念』明石書店.

Бахтин, М. М. 1920-1924. 佐々木寛訳 1999「美的活動における作者と主人公」『ミハイル・バフチン全著作第一巻［行為の哲学によせて］［美的活動における作者と主人公］他』水声社：87-368 頁.

Бахтин, М. М. 1963. *Проблемы поэтики Достоевского.* 望月哲男・鈴木淳一訳 1995『ドフトエフスキーの詩学』ちくま学芸文庫.

Бахтин, М. М. 1963. 伊東一郎訳 1996『小説の言葉』平凡社ライブラリー.

Бахтин, М. М. 1965. *Творчество Франсуа Раблеи народная культура срдневековьяи ренессанса.* 川端香男里訳 1973『フランソワ・ラブレーの作品と中世・ルネッサンスの民衆文化』せりか書房.

Бахтин, М. М. 1979. 新谷敬三郎訳 1988「1970-71 年の覚書」新谷敬三郎・佐々木寛・伊東一郎訳『ことば・対話・テキスト』新時代社：279-319 頁.

Bauman, Z. 2000, *Liquid Modernity*, 森田典正訳 2001『リキッド・モダニティ』大月

書店.

Bellah, R. N. 1985. *Habits of the heart : individualism and commitment in American life.* University of California Press, 島薗進・中村圭志訳 1991『心の習慣』みすず書房.

Berlin, I. S. 1969, *Four essays on liberty*, 小川晃一ほか訳 2000『自由論』みすず書房.

Волошинов, В. Н. 1926「生活のなかの言葉と詩のなかの言葉」バフチン著・桑野隆・小林潔編訳 2002『バフチン言語論入門』せりか書房：7-54 頁.

Волошинов, В. Н. 1929 ミハイル・バフチン著. 桑野隆訳 1989『マルクス主義と言語哲学―言語学における社会学的方法の基本的問題【改訳版】』未来社.

Boyer, E. L. 1983. *High School-A Report on Secondary Education in America*. 天城勲・中島章夫監訳 1984『アメリカの教育改革』リクルート.

Brown, J. S., Collins, A., & Duguid, P. 1989."Situated cognition and the culture of learning", *Educational Researcher,* vol.18, No.1, pp.32-42. 杉本卓訳 1992「状況に埋め込まれた認知と，学習の文化」安西祐一郎・石崎俊・大津由起雄・波多野誼余夫・溝口文夫編『認知科学ハンドブック』共立出版：36-51 頁.

Bruner, J. S. 1983. *In Search of Mind : Essays in Autobiography.* Harper & Row, Publishers. 田中一彦訳 1993『心を探して―ブルーナー自伝』みすず書房.

Bruner, J. S. 1986. *Actual Minds, Possible Words.* Harvard University Press. 田中一彦訳 1998『可能世界の心理』みすず書房.

部落解放・人権研究所編 2000『子どものエンパワメントと教育』部落解放・人権研究所.

部落解放・人権研究所編 2005『排除される若者たち：フリーターと不平等の再生産』解放出版社.

Cole, M. 1996. *Cultural Psychology : A Once and Future Discipline.* The Belknap Press of Harvard University Press. 天野清訳 2002『文化心理学　発達・認知・活動への文化―歴史的アプローチ』新曜社.

Coleman, J. S. 1972."How Do the Young Become Adults?" *Review of Educational Research,* XLII 1972, pp.431-439.

Corporation for National Service, *Students in Service to America,* Washington, D. C., 2002.

Crick, B. 2002. *Democracy : A Very Short Introduction.* Oxford University Press. 添田育志・金田耕一訳 2004『デモクラシー』岩波書店.

Delanty, G. 2000, *Citizenship in a global age,* Open University Press, 佐藤康行訳 2004『グローバル時代のシティズンシップ』日本経済評論社.

Dewey, J. 1916. *DEMOCRACY AND EDUCATION : An Introduction to the Philosophy of*

Education. 松野安男訳 1975『民主主義と教育』岩波文庫.
Dewey, J. 1938. *EXPERIENCE AND EDUCATION*. 河村望訳 2000「経験と教育」『学校と社会・経験と教育』人間の科学社：143-214 頁.
Dewey, J. 1990. "The School and Society" *THE SCHOOL AND SOCIETY and THE CHILD AND THE CURRICULUM, introduction by Philip W. Jackson*. A Centennial Publication of the University of Chicago Press. 市村尚久訳 1998「学校と社会」『学校と社会・子どもとカリキュラム』講談社学術文庫：57-258 頁.
Durkheim, E. 1925, *L'Education morale,* Libraire Felix Alcan. 麻生誠・山村健訳 1964『道徳教育論』明治図書出版.
Engeström, Y. 1987. *LEARNING BY EXPANDING : An activity-theoretical approach to developmental research.* Helsinki : Orienta-Konsultit Oy, 368 pp. 山住勝広・松下佳代・百合草禎二・保坂裕子・庄井良信・手取義宏・高橋登訳 1999『拡張による学習―活動理論からのアプローチ』新曜社.
Freire, P. 1970. *PEDAGOGIA DO OPRIMIDO*, 小沢有作・楠原彰・柿沼秀雄・伊藤周訳 1979『被抑圧者の教育学』亜紀書房.
藤原和博編著 2010『[よのなか]科によるネットワーク型授業の実践』東京書籍.
藤原和博・宮台真司 2005『人生の教科書［よのなかのルール］』ちくま文庫.
藤原孝章 2008 日本におけるシティズンシップ教育の可能性『同志社大学学術研究年報』第 59 巻：89-106 頁.
Furco, A. 1996. "Service-Learning : A Balanced Approach to Experiential Education," Taylor, B. (eds.), *Serving and Learning,* Washington, D. C. : Corporation for National Service.
Gramsci, A. 片桐薫編訳 2001『グラムシ・セレクション』平凡社ライブラリー.
Gutierrez, K. Rymes, B. and Larson, J. 1995. "Script, counterscript, and underlife in the classroom", *Harvard Educational Review,* 65. pp.445-471.
原田詩織 2010「品川区『市民科』教科書の政治学的分析『学生法政論集』：101-117 頁.
Heater, D. 1999, *What is citizenship?,* Cambridge : Polity Press, 田中俊郎・関根政美訳 2002『市民権とは何か』岩波書店.
平沢安政編著 2011『人権教育と市民力』解放出版社.
本田由紀 2009『教育の職業的意義』ちくま新書.
池田寛 2005『人権教育の未来』解放出版社.
Jennings, M. 2001. "Two Very Special Service Learning Projects". *PHI DELTA KAPPAN,*

February 2001, pp.474–475.

Jones, G. & Wallace, C. 1992, *Youth, family and citizenship,* Open University Press，宮本みち子監訳 1996『若者はなぜ大人になれないのか』新評論．

Kahne, J. 1996. *Reframing Educational Policy : Democracy, Community, and the Individual,* Teachers College Press.

Kahne, J., Westheimer, J. 1996, "In the Service of What?" in *PHI DELTA KAPPAN,* MAY 1996, pp.593–599.

神奈川県立総合教育センター 2012『〈高等学校〉かながわのシチズンシップ教育ガイドブック』．

金子隆弘 2005「品川区の『市民科』創設をめぐる諸問題」『教育』2005 年 10 月号：77 –84 頁．

唐木清志 2008『子どもの社会参加と社会科教育　日本型サービス・ラーニングの構想』東洋館出版社．

柄谷行人 1992『探求Ⅰ』講談社学術文庫．

柄谷行人 1994『探求Ⅱ』講談社学術文庫．

河野哲也 2011『道徳を問い直す　リベラリズムと教育のゆくえ』ちくま新書．

経済産業省 2006『シティズンシップ教育と経済社会での人々の活躍についての研究会報告書』．

Kimlicka, W. 1995, *Multicultural citizenship : a liberal theory of minority rights,* Oxford University Press，角田猛之，石山文彦，山崎康仕監訳 1998『多文化時代の市民権』晃洋書房．

Kimlicka, W. 2002, *Contemporary political philosophy : an introduction, Second edition,* Oxford University press，千葉眞・岡﨑晴輝訳 2005『新版　現代政治理論』日本経済評論社．

小玉重夫 2003『シティズンシップの教育思想』白澤社．

久保田賢一 2000『構成主義的パラダイムと学習環境デザイン』関西大学出版部．

桑野隆 2002 a『バフチン（新版）〈対話〉そして〈解放の笑い〉』岩波書店．

桑野隆 2002 b「対話的能動性と創造的社会—バフチン的社会学の今日的意味—」『思想 2002 年第八号　バフチン再考』岩波書店：5–24 頁．

Lave, J. 1988. *COGNITION IN PRACTICE : Mind, mathematics and Culture in Everyday Life.* Cambridge University Press．無藤隆・山下清美・中野茂・中村美代子訳 1995『日常生活の認知行動』新曜社．

Lave, J. & Wenger, E. 1991. Situated Learning : Legitimate Peripheral Participation. Cambridge University Press. 佐伯胖訳 1993『状況に埋め込まれた学習』産業図書.

Lave, J. 1996 (1993). "The practice of learning." Chaiklin, S. & Lave, J. (eds.), *Understanding Practice : Perspectives on Activity and Context* (*Learning in Going : Social, Cognitive and Computational Perspectives*), Cambridge University Press, pp.3–32.

Martin, J. R. 1995, The School home : Rethinking Schools for Changing Families, Harvard University Press. 生田久美子監訳 2007『スクールホーム——"ケア"する学校』東京大学出版会.

MacIntyre, A. C. 1984, *After virtue : a study in moral theory*, University of Notre Dame Press. 篠崎榮訳 1993『美徳なき時代』みすず書房.

Marx, K. 1861–1863. *Das Kapital*. マルクス著・エンゲルス編・向坂逸郎訳 1969–1970『資本論』岩波文庫.

Marshall, T. H. & Bottomore, T. B. 1992, *Citizenship and social class*, Pluto Press. 岩崎信彦・中村健吾訳 1993『シティズンシップと社会的階級:近現代を総括するマニフェスト』法律文化社.

Mehan, H. 1979. *Learning Lessons : Social Organization in the Classroom*. Harvard University Press.

宮本みち子 2002『若者が「社会的弱者」に転落する』洋泉社.

水木楊 2006「教育改革で独歩する品川区の『小中一貫制』」『foresight』第 17 号:60–62 頁.

水山光春 2008「シティズンシップ教育『公共性』と『民主主義』を考える」杉本厚夫, 高乗秀明, 水山光春『教育の 3 C 時代』世界思想社:155–227 頁.

水山光春 2010「日本におけるシティズンシップ教育実践の動向と課題」京都教育大学教育実践研究紀要 第 10 号:23–33 頁.

望月一枝, 佐々木信子 2011『秋田発未来型学力を育む家庭科——family community citizens』開隆堂出版.

茂呂雄二 1999『具体性のヴィゴツキー』金子書房.

Mouffe, C. 1993, *The return of the political*. 千葉眞ほか訳 1998『政治的なるものの再興』日本経済評論社.

長沼豊 2003『市民教育とは何か ボランティア学習がひらく』ひつじ市民新書.

長沼豊・大久保正弘編著 2003『社会を変える教育 Citizenship Education 英国のシティズンシップ教育とクリック・レポートから』キーステージ 21 ソーシャルブックス.

中村清 2008『国家を越える公教育 世界市民教育の可能性』東洋館出版社.

中村雄二郎 1992『臨床の知とは何か』岩波新書.

成山治彦監修・大阪府立柴島高校編 2010『"生徒の自己開示"で始まる高校の学校開き』明治図書.

成山治彦・志水宏吉編著 2011『感じ・考え・行動する力を育てる人権教育』解放出版社.

仁平典宏 2005「ボランティア活動とネオリベラリズムの共振関係を再考する」『社会学評論』56(2)：485-499頁.

日本家庭科教育学会編 2007『生活をつくる家庭科　第3巻　実践的なシティズンシップ教育の創造』ドメス出版.

西井克泰・新井肇・若槻健 2013『子どもが先生が地域とともに元気になる人間関係学科の実践』図書文化.

野崎志帆 2012「IEAの『市民性教育国際調査（ICCS 2009）』の概要と結果について」『部落解放研究』No.195：43-58頁.

お茶の水女子大学附属小学校・NPO法人お茶の水児童教育研究会 2010『社会的価値判断力や意思決定力を育む「市民」の学習』NPO法人お茶の水児童教育研究会.

お茶の水女子大学附属小学校・NPO法人お茶の水児童教育研究会 2014『交響して学ぶ』東洋館出版.

岡田泰孝 2011「『市民』研究ノートⅣ　政治的リテラシーの涵養を目指す『市民』の学習」『お茶の水女子大学附属小学校研究紀要』第18巻：25-34頁.

岡野八代 2009『シティズンシップの政治学』白澤社.

大阪多様性教育ネットワーク 2013『多様性の探究』大阪多様性ネットワーク.

Phillips, D. C. 1995. "The good, the bad, and the ugly : The many facet of constructivism." *Educational Researcher,* 24(7), pp.5-12.

Pritchard, I. 2002. "Community Service and Service-Learning in America : The State of the Art", Furco, A. and Billig, S. H.（ed）, *Service-Learning : The Essence of the Pedagogy.* Information Age Publishing, pp.3-22.

Putnam, R. D. 1993. *Making democracy work : civic traditions in modern Italy,* Princeton, N. J.： Princeton University Press.　河田潤一訳 2001『哲学する民主主義：伝統と改革の市民的構造』NTT出版.

Putnam, R. D. 2000. *Bowling Alone : The Collapse and Revival of American Community,* New York： Simon and Schuster.

Resnick, L. B. 1987. "Learning In School and Out", *Educational Researcher,* December 1987, pp.13-20.

佐伯胖 1985「教育と機械」斎藤正彦編『ロボット社会と人間』東京大学出版会：241 –289 頁.

斉藤純一 2000『公共性』岩波書店.

Sandel, M. J. 1982, *Liberalism and the limits of justice,* Cambridge University Press. 菊池理夫訳 1992『自由主義と正義の限界』三嶺書房.

佐藤一子編著 2001『NPO と参加型社会の学び』エイデル研究所.

興梠寛 2003『希望への力　地球市民社会の「ボランティア学」』光生館.

佐藤公治 1999『対話の中の学びと成長』金子書房.

佐藤孔美 2010「『社会を見る 3 つの目』を育てる「市民」の学習」『お茶の水女子大学附属小学校研究紀要』第 17 巻：11–33 頁.

渋谷望 2003『魂の労働―ネオリベラリズムの権力論』青土社.

菅井勝雄 2000「構成主義」日本教育工学会編『教育工学事典』実教出版：224–225 頁.

清水睦美 1999「『総合的な学習の時間』がやってくる」志水宏吉編著『のぞいてみよう！今の小学校　変貌する教室のエスノグラフィー』有信堂：14-58 頁.

品川区教育委員会 2005『小中一貫教育要領』.

Sigmon, R. 1994. "Serving to Learn, Learning to Serve," *Linking Service with Learning,* Chicago： National Institute on Learning and Serving, Council for Independent Colleges.

杉浦真理 2013『シティズンシップ教育のおすすめ　市民を育てる社会科・公民科授業論』法律文化社.

髙橋亮平，小林庸平，管源太郎，特定非営利活動法人 Rights 編 2008『18 歳が政治を変える！』現代人文社.

高取憲一郎 1994『ヴィゴツキー・ピアジェと活動理論の展開』京都・法政出版.

田中治彦編著 2008『開発教育　持続可能な世界のために』学文社.

Tocqueville, Alexis de. 1888. *De la democratie en Amerique.* 井伊玄太郎訳 1987『アメリカの民主政治』講談社学術文庫.

上野直樹 1992「『言語ゲーム』としての学校文化」『学校の再生をめざして 1』東京大学出版会：51-111 頁.

牛島操 2012「高等学校かながわのシチズンシップ教育にかかわる研究」神奈川県立総合教育センター研究集録：35-40 頁.

Valsiner, J. 1989. *Human development and culture : the social nature of personality and its study,* Lexington Books.

Varene, H. & McDermott, R. 1996. "Culture, Development, Disability." Jessor, R., Colby, A. & Shweder, R. A.(ed.). *Ethnography and Human Development : Context and Meaning in Social Inquiry.* The University of Chicago Press, pp.101-126.

Varene, H. & McDermott, R. 1998. *Successful Failure : The School America Builds.* Westview Press.

Vygotsky, L. S. 1930 柴田義松ほか訳 1987「心理学における道具主義的方法」『心理学の危機』明治図書出版.

Vygotsky, L. S. 1930-1931 柴田義松訳 1970『精神発達の理論』明治図書出版.

Vygotsky, L. S. 1934 柴田義松訳 2001『思考と言語【新訳版】』新読書社.

WADE, R. C.(ed.)1997. *Community Service-Learning : A Guide to Including Service in the Public School Curriculum.* SUNY.

若月秀夫 2005「品川区の小中一貫教育における『市民科』の構想」『社会科教育』NO.547,明治図書.

若月秀夫他 2008『品川区の「教育改革」何がどう変わったか』明治図書.

若月秀夫編著 2009『品川発「市民科」で変わる道徳教育』.

Wertsch, J. V. 1991. *Voices of the mind : a sociocultural approach to mediated action.* Harvard University Press. 田島信元・佐藤公治・茂呂雄二・上野佳世子訳 1995『心の声―媒介された行為への社会文化的アプローチ』福村出版.

Westheimer, J & Kahne, J. 2003. "Reconnecting Education to Democracy : Democratic Dialogues", *Phi Delta Kappan SEPTEMBER 2003 Volume 85,* pp.9-14.

Westheimer, J. & Kahne, J. 2004. "WHAT KIND OF CITIZEN?―THE POLITICS OF EDUCATING FOR DEMOCRACY", *American Educational Research Journal. 41*(2).

山脇直司 2008『グローカル公共哲学―「活私開公」のヴィジョンのために』東京大学出版会.

【著者紹介】

若槻　健（わかつき・けん）

1971年　島根県生まれ
大阪大学人間科学部卒業、同大学院人間科学研究科博士後期課程修了。博士（人間科学）
大阪大学助手、甲子園大学専任講師、准教授などを経て
現在　関西大学文学部教授

論文に、「人権教育に基盤を置いた市民性教育実践の事例研究」（『カリキュラム研究』第20号，2011年）、共編著に、『学力格差に向き合う学校』（明石書店，2019年）、『「つながり」を生かした学校づくり』（東洋館出版社，2017年）、『教育社会学への招待』（大阪大学出版会，2010年）など

未来を切り拓く市民性教育

2014年3月31日　第1刷発行
2023年8月25日　第2刷発行

著者　若槻　健

発行所　関西大学出版部
〒564-8680 大阪府吹田市山手町3-3-35
電話 06-6368-1121　FAX 06-6389-5162

印刷所　協和印刷株式会社
〒615-0052 京都市右京区西院清水町13

© 2014　Ken WAKATSUKI　　　　　　　　　　Printed in Japan

ISBN 978-4-87354-577-6　C3037　　　　　落丁・乱丁はお取替えいたします

JCOPY ＜出版者著作権管理機構 委託出版物＞
本書の無断複製は著作権法上での例外を除き禁じられています。複製される場合は、そのつど事前に、出版者著作権管理機構（電話 03-5244-5088, FAX 03-5244-5089, e-mail: info@jcopy.or.jp）の許諾を得てください。